股票超入門5

U0035213

主力、主流這類很威的股票超難捉摸，
1 種戰法＋ 7 方向揭密，是散戶另一條致富的路徑！

波段飆股

口碑大好評
全新增訂版！ ————————方天龍 著

恆兆文化

飆股啊～
就要配「賺一段算一段」的穩功夫！

名師才能出高徒嗎？那為什麼很多武林高手都在深山中獲得絕世秘笈？

好股才會是飆股嗎？那為什麼天王主力都說不會和知名公司合作炒股？

飆股多半是主力股，否則就是主流股。而「波段」操作並非價值論者的競技場，而是且戰且走的游擊戰法，它是賺一段算一段的穩健功夫。所以需要學習一些技術，摸清一些訣竅。

不久前，一位股市名人在FB（Facebook）上透露某些有關隔日沖權證大戶的訊息，結果就被權證大咖集合去該分點券商抗議了，該券商員工很客氣的發信給這位名人：

某某先生，您好：

我是╳╳券商的員工。首先對於您權證操作與主力追蹤的功力感到由衷的佩服。

您先前對於追蹤敝公司客戶的發文，在網路上引起了廣泛的迴響，這些客戶也得知他們的操作已經成為公開討論的話題；為此，這些客戶相當不滿，認為這樣的資訊在facebook上流通必是敝公司資料管理疏失所為，並揚言準備將所有交易轉移至其他券商；任憑我們怎麼跟客戶解釋都無法獲得其諒解。

因此想懇請您幫忙，在撰寫文章時對於敝公司名稱部分是否能加以掩飾，以讓我們對客戶能有交代；非常感謝您的幫忙。謝謝。

股市名人動見觀瞻，容易吸引廣大的讀者群，擁有較大的銷售市場，但相對的，偶而也會碰上困擾，這封信可為一例。股市大戶想運用「業績壓力」脅迫券商向財經作者施加壓力（軟釘子），以讓自己的行動隱密，可以體會和諒解。

其實，這些資訊都是公開揭露在證交所的，只不過因為該名人很聰明，懂得把資訊加以歸納分析，然後作成軟體來銷售而已。

名人透過不斷演講、曝光，在網路上與大眾交流，就能把數千元的軟體、近千元的演講錄影帶賣得嚇嚇叫，這是「有名就有利」的經典實例。但是，相對的，一旦成為名人也會有種種困擾；例如他的股市理論或秘招知道的人太多，往往就不靈了。筆者是早就預知會有這樣的缺點，所以寧願守住「小眾」的讀者市場，不當「名人」，因而刻意婉拒各種知名雜誌的採訪、演講邀約以及出版錄影帶的合作要求，畢竟我無意靠知名度來行銷自己。但我對股市的熱忱和自我期許，是相當高的，肯每天花十個小時的時間在研究、歸納、分析必勝之道，然後將它寫成獨家心得，交給恆兆文化出版公司發行而已，我希望幫助善良的小額投資人（200萬以下的資金）也能分享我的研究心得和投資經驗，然後慢慢建立起最適合於自己的獲利模式。我只希望有緣的少數購書人，能成為我虛擬的投資團隊（建檔讀者群）的一員，大家一起來拚經濟，如此而已。我只授人以漁，並不集資炒作股票。

我早就預知深入的「籌碼研究」，會讓大咖們不爽，因為股市的線型其實就是

他們用資金畫出來的。只要我們深入籌碼細節，就能把股票的結構弄得一清二楚、瞭如指掌，從而拉高操盤的勝率。但是，同一時刻，大咖們的「騙線」也就無法施展手腳了。

您認為我該掩護強勢大咖，還是保護弱勢散戶？我個人是滿欣賞上述這位名人的，因為他也曾在股市經歷過相當的顛沛人生，最後，比別人幸運地提早成為億萬富翁，而我們仍在努力中。

筆者所以保持「低調」、不當名人，另外有兩個最重要的原因，就是：

一、當一個人成為名人之後，就無法向其他更高竿的高手學習了。名人無法繼續進步，原因多半如此。想想看，一旦成為名人，能滲透在其他高手的講台下聽課嗎？他肯承認「我看過方天龍的書」嗎？有一位名人曾經局部抄襲過我一本當沖的舊書（抄的是我獨創的見解，不是一般的共同知識），還被尊為「股市四大名師」、不斷曝光接受採訪。我之所以從未追究，就是體念他得名不易，何必毀掉他呢？只是他在著作中推薦了63本股票書，竟然對「方天龍」隻字不提，可見人一出名，就變驕傲了。

二、當一本書成為暢銷書後，其中的知識密技，馬上就失靈了。大戶的炒作手法，會立刻改弦更張、另起爐灶，散戶也就無法繼續應用這些密技獲利了。舉例來說，從前的「樂透權證」經人揭密之後，權證的發行券商立刻修正辦法，不再輕易讓人得逞。那散戶不就很難贏了？再舉例來說，「地緣關係」的大股東大量買股，代表他們看好該公司的產業前景或預知某些營收利多，因而先行買進股票。這種對大戶的研判思維，原本是沒有錯的，可是當媒體一直強調，在上市公司附近券商買股的就肯定是大股東嗎？現在可不一定了。主力大戶也在看這樣的資訊，難道不會改變帳戶嗎？從上述大咖的「集體行動」就可知道，股市的操作密技，有時是「只能做不能說」的。這也是我刻意不擴大讀者市場的主因。我只希望自己的研究心得讓有緣的少數讀者靜靜分享、讓少數人悄悄成為贏家（八二定律），這就夠了！

筆者放棄「大眾」市場，願意保持低調，只求獲得「小眾」讀者的「驚鴻一

瞥」，然後蒐羅拙著、閉門研修，功力慢慢強大起來！我只求「叫好」，不求「叫座」；只求在偶然的時光中，意外地接獲知音的來信說他孤燈寒窗苦讀筆者的書時，拍案驚起、獲得「頓悟」。如此，就是我最大的夢想與回報了！

在本書中，我們要談的是《波段飆股》，這樣的題目確實很投合懶得做功課的人，曾經有一位學長寫過一本暢銷書，教人「只買一支股」，原來指的是平日不動如山的「台灣50」（股票代號：0050）。從本質上看，確實是好股。但你知道飆股多半不是「好股」嗎？從前我擔任記者時，曾年輕氣盛地向一位主力吐槽：「這檔股票真的好嗎？業績這麼爛！」結果他說：「就是因為爛，公司派才在意股價的高低、願意和你合作。那些好股的知名董監事，連見面都很難啊！」

這位主力後來身繫牢獄，但我認為「不以人廢言」，他說的可是千真萬確的事實！想一想，飆股真是如此！怎麼上去，就會怎麼下來；黑貓、白貓，會抓老鼠的就是好貓！飆股的定義，應該是「非隔日沖」而能走得更遠一點的強勢股。換句話說，不是向上飆，就是向下飆，反正就是「堅持同一個方向前進、波動力大」的股票！本書就是從這點著墨，花了大量的時間，重新大幅整理第一版。希望這次的全新增訂版，能帶給您新的啟示。

祝您操盤順利！來信請寄kissbook@sina.com，筆者願意為您的股票困惑提供一點免費的協助。

2014/11 方天龍

作者信箱：kissbook@sina.com部落格:http：//blog.sina.com.cn/tinlung8

恆兆圖書網(相關圖書購買)：http://www.book2000.com.tw/

CONTENT

CHAPTER

o3

飆股揭密二／籌碼

CHAPTER

o4

飆股揭密三／題材

CHAPTER

07

CHAPTER

08

CHAPTER 1

飆股的
波段戰法

首先，我給波段飆股做出新解釋——

「波段」，指的是能賺一段是一段；

「飆股」有兩種，一種向上飆，一種向下飆！

凡是「抱上一段時間還能賺大錢的」，

都合於操作波段飆股的方法，

都值得學習。

4 個私房秘技，
安全駕馭飆股

　　時至今日，「飆股」的定義必須重新改寫了。不是漲不停的股票，才叫做「飆股」。因為沒有這種時空環境了，那是70年代的美麗傳說——當時什麼股票都可能飆上四、五十支漲停板，官員也和氣生財、樂見其成。如今風氣丕變，官方的態度已明顯由多轉空（選舉期間例外），主力大戶漸漸沒有做多的「理想」，也沒未來的「目標」（股票的目標價）了，被迫形成「搶了就跑」的短線操作。金管單位對股市管得很嚴，什麼股票如果「膽敢」飆個一、二十支漲停板，不出事才怪；即使不被「注意」或「處置」，早晚也會像「胖達人」事件一樣上了新聞版面，糾扯到相關的股票。

　　所以，現在散戶的操作難度增高了，因為大戶的腳步越來越不好跟，能賺一段算一段，不要妄想永遠漲不停，而應講究的是「波段」。

　　基於「窮則變，變則通」的理念，散戶仍有個對策，就是放空。只要肯克服「懶得學習」的人性弱點，以及不畏懼融券需要比融資花更多錢的跛腳制度，仍可

以在行情極壞的情況下「不蝕本還能賺錢」。於是，這就歸結到一個新概念：「飆股」不一定是做多向上飆；如能放空向下飆，最終一樣能賺到大量銀子。而這兩種選擇都做對了，那就是「飆股」。

基於這樣的新定義，坊間流行的保本、求息、定存股，乃至「只買一支股」派的「台灣50」（0050），如果運作得好，都可能是飆股。運用之妙，存乎一心。時代一直在進步中，金融理財工具也一直在增加，操作的方法日新月異，千萬不要有固執的定見。所謂「黑貓、白貓，能抓老鼠的，就是好貓」，凡是金融商品抱上一段時間都還能賺大錢的方法，都值得學習。

「抱上一段時間還能賺大錢的股票」這個新定義，要能夠成功，依筆者近期的研究，有幾個結論：

駕馭飆股的行動原則一：買在「起漲點」。

當2014年6月起，股市再上9000點的高檔，操作股票就變成「不是猛龍不過江」。因為習於做多者，總是擔心放空被軋；可是偏偏做多又提心吊膽，不知何時股價又會崩跌下來。我們可以發現，高檔只能夠賺差價，不能長抱。因為有時手上有一些股票，卻在不經意間突然轉弱，白天你在股海中「藝高人膽大」短線操作獲利幾千元，正在沾沾自喜，可是，晚上一結算，發現整體的資產淨值反而跌下來了，因為你只注意檯面上的「強勢股」，卻忽略了手上的「套牢股」——它們可能持續盤跌下去，把你白天在股市撕殺的成果消耗殆盡呢！所以，結論就是持股「不宜長抱」！換句話說，在大盤大跌的情況下，絕不能滿倉，持股比例要越低越好。

但是，如果一檔股票的位置是在「谷底」，並且經過打底、橫盤幾個月，突然出量轉強，是不是就很好操作了？原因就是「安全」兩個字。有一句諧趣的名言：「站在山頂上玩，有誰能贏？」這句話聽起來有點「台灣國語」，卻是和「高處不勝寒」一樣的股市金律。所以，要好賺、能賺、穩賺，必然是買在「起漲點」！

舉例來說，請看圖1-1，2013年12月3日，「麗臺」（2465)就是一個很容易賺

錢的波段起漲點。越接近這天買進股票，越容易獲利。熟練的股市好手，幾乎可以很簡單地用肉眼、不需要藉助均線，就可以看出這是一檔飆股的誕生日。因為這一天，價量齊揚，也創了新高！

圖1-1　買飆股，越接近「起漲點」越好。

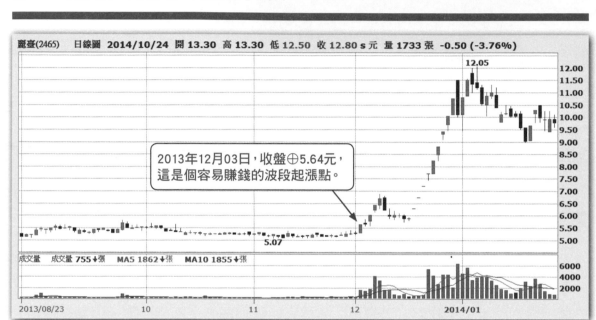

巍豪(2465)　日線圖 2014/10/24 開 13.30 高 13.30 低 12.50 收 12.80 s 元 量 1733張 -0.50 (-3.76%)

2013年12月03日，收盤⊕5.64元，這是個容易賺錢的波段起漲點。

成交量　成交量 755↓張　MA5 1862↓張　MA10 1855↓張

（圖片來源：XQ全球贏家）

再舉個例子來說，請看圖1-2，以電動代步車、電動輪椅車為主要營業項目的「必翔」（1729），股本並不大，只有18.54億。它在2014年9月底之後，量開始放大了，股價也有一些飆勁。然而，噴出行情並不一定讓沒辦法看盤的上班族好捕捉，有時也容易短套。可是，若我們在同年5月20日買進的話，就很容易賺錢了。

為什麼說2014年5月20日是「必翔」（1729）的最佳買點呢？從筆者的獨家密技（3×60加上3×5×8均線交叉向上）推演，其中一個條件就是：3日和60日平均線交叉向上，同時以長紅作收，是當天量價俱揚的個股之一。很多讀者來信表示感謝，說從筆者的書中獲得與眾不同的重大啟示，我想，這應該是其中因素之一。

2014年5月20日這天，並非它股價的最低點，卻是最安全的買點。我們從當天的低點32.55元算起，到2014年的10月6日高點56.1元，已經有將近73％的漲幅了，可見波段飆股的威力！而2014年的10月6日還並非未來的真正高點，因為在筆者截稿之前，大盤已在反彈中，這檔股票更是絕對可能突破前高的飆股之一。

圖1-2　「必翔」（1729）近期的「起漲點」在2014年5月20日。

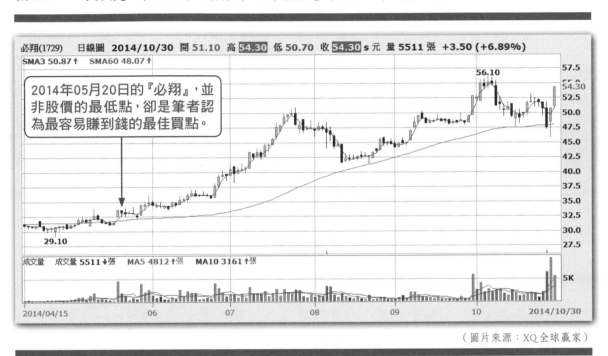

（圖片來源：XQ全球贏家）

駕馭飆股的行動原則二：放空在「起跌點」。

　　飆股通常有個很美妙的藉口，作為利多，然後開始在打底完成的平台區發動攻擊，造成「起漲點」的形成。接下來便是股價「持續往同一個方向進行」，終於造就了一檔飆股的成熟。如果從籌碼面來解釋，其實飆股就是「籌碼集中」、有主力大量買進的股票。但是，當股票漲多了、主力開始大量賣出了，也會變成「籌碼渙散」的股票，股價接著就會轉弱。這時如果我們放空股票，股票也可能因向下「持續往同一個方向進行」而讓我們大幅獲利。這就是抓住「起跌點」放空的好處。

圖1-3　「川湖」在2014年7月初，是一個放空的好時機。

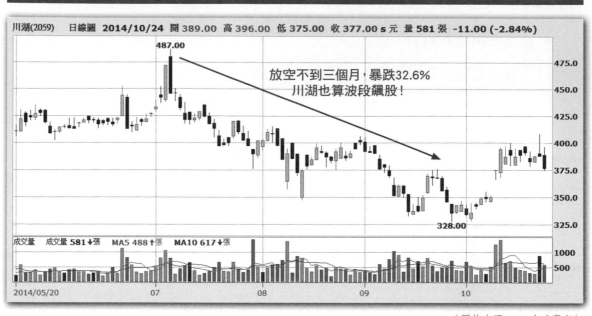

（圖片來源：XQ全球贏家）

　　舉例來說，「川湖」（2059）是全球前三大、台灣最大伺服器機櫃導軌製造商，主要產品為導軌，佔營收的比重92.10％，其餘的還包括鉸鍊3.63％、滑軌3.02％、其他1.25％等等。該公司雖然是家族企業，但一步一腳印，長期深耕台灣，為股東創造最大價值，2006年以來，公司每年每股純益至少7元起跳，甚至賺回一個股本以上。它是台股逾千家上市櫃公司中，少數能告訴投資人訂單能見度長達三年的公司。

　　市場買盤積極，正是看好該公司在產業上的優勢；2014年第3季財報可望認列豐厚匯兌收益，也是主因之一。但是，近期台股本益比大修正，許多個股超跌，「川湖」一度不跌反漲，當然在財報公布後也難免呈現利多出盡的情況。

　　如果我們在2014年7月初放空「川湖」（2059），到9月底再把股票回補，這樣短短不到三個月的時候，也可獲利32.6％。

　　那麼這不也算「波段飆股」嗎？

圖1-4 「川湖」在2014年7月初，是一個放空的好時機。

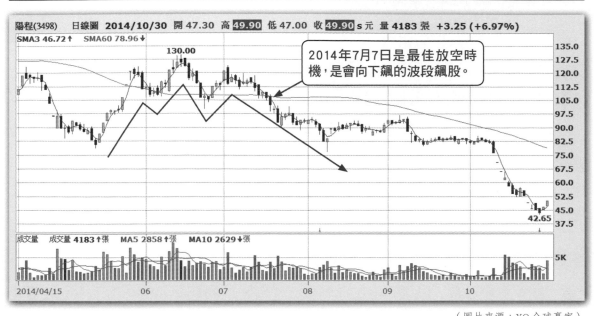

陽程(3498) 日線圖 2014/10/30 開 47.30 高 **49.90** 低 47.00 收 **49.90** s元 量 4183 張 +3.25 (+6.97%)

SMA3 46.72↑ SMA60 78.96↓

130.00

2014年7月7日是最佳放空時機，是會向下飆的波段飆股。

42.65

成交量 成交量 4183↑張 MA5 2858↑張 MA10 2629↓張

2014/04/15　　06　　07　　08　　09　　10

5K

（圖片來源：XQ全球贏家）

　　另外，再舉一個例子。屬於「電子其他」類股、股本只有7.75億的「陽程」（3498），是一種有飆股血統的股票。股市的熟手只知道它常常向上飆，可是沒想到它也會向下飆吧？請看圖1-4，在這張日線圖中的2014年7月17日，就是一個筆者認為的最佳放空時機。理由除了由筆者的獨家密技研判出來之外，我們也可以看到，在這一天之前的線型，已經明顯出現M字型的「三尊頭」（或稱「三重頂」，是一種反轉的技術型態。不了解的讀者，請參考拙著《以股創富──101個關鍵字》，恆兆文化出版），往下獲利的空間極大。放空的技術線型很準的，在此又可以獲得印證。因為在「逃難」的時候，主力大戶通常不暇他顧、不會有閒功夫來「作線」、「騙線」，所以股價就往真實的路途發展了！

　　在筆者截圖說明的這天，「陽程」（3498）的股價剛好漲停板，是因為它實在跌太深了，總該反彈吧！筆者在作「籌碼研究」時就發現，原來有幾家特別喜歡玩飆股的外資不久前就被嚴重套牢在該股的高檔，他們在設法療傷呢！

駕馭飆股的行動原則三：買能賺一倍以上的低價股。

什麼樣的股票能漲超過一倍呢？

其實有很多的方法，可惜都如同唐代詩人李商隱說的「此情可待成追憶，只是當時已惘然。」很多股票往往在低價的時候，我們疏於注意，直到它大飆特飆時，才發現原來它是從這麼低檔的位置出發的，而後悔不已！

所以，今後我們必須騰出一部分精神關注在「低價股」上，才不致失去太多的賺錢機會。

從基本面的角度來看，長線的大飆股，通常有如下的特徵：

（1）、股本大多在10億以下。據統計，漲一倍的股票裡，有相當大的比例，股本都是低於10億元或在10億元左右。

（2）、起漲時，股價大約在15到20元左右。以2014年為例，漲了一倍股價還沒有超過50元的，就超過一半以上。

（3）、起漲時，營收年增率超過10%。

符合以上三個條件的公司並不少，只是我們有沒有用心去發掘而已。股本小，一年稅後多賺一億，EPS就多增加超過一元，例如原本EPS只有0.7元，當時股價11至12元，只要多賺了一元，就變成1.7元，那麼股價就有機會上看20元。這樣一來，股價就變化很大了。假以時日，賺個一倍以上並不難。尤其這樣的公司，老板多半自覺股價委屈，所以心態就比較偏多，常常會在媒體的採訪中透露出一些訊息，而吸引到一些專門做低價股的大戶進入炒作。

這種小股本的股票，漲起來很快，是市場上「隔日沖大戶」和短線客的最愛。同時，由於股本小，如果有人拉抬，其實所花費的力氣並不大，尤其是5億以下股本的標的物，更容易在拉上漲停板之後鎖碼！何況投信基金經理人為了績效表現，也常會想要認養。

所以一旦基本面出現轉機（例如接到新的大客戶，或新產品開始出貨，或產品售價終於開始回升等等），往往就能啟動股價的翻倍行情。

圖1-5 「云辰」在2014年初仍是低價股，後來的漲幅至少在7倍以上。

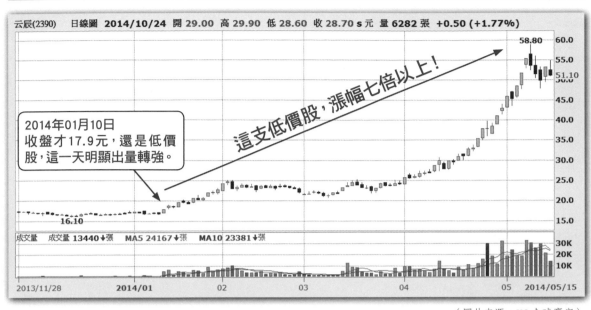

（圖片來源：XQ全球贏家）

　　但是，有些能漲一倍以上的股票，當初並不一定是基本面有轉機，而是背後有一段故事、有人為的色彩。我們從技術面來看，它當時確實是低價股，只因出量轉強，慢慢發展成漲幅數倍的股票。我們往往在事後才知道原因。舉例來說，圖1-5的「云辰」便是如此，當我們發現它漲得很凶時，已經漲幅好幾倍了。現在回顧2014年1月10日，當時的股價大約只有17.9元，完全符合前面說的「15到20元左右」的低價股條件，尤其在2014年1月10日這天，我們看它的前一段時日，已經橫盤、打底很久了，幾乎形成一個平台區，到了這天的技術面更透露出強勢——在「價」方面，漲幅是6.87％，收⊕17.9元；而在「量」方面，當天成交量4,993張，是MA5（1,572張）的3.18倍。可謂「價量俱揚」！那我們在越接近這天介入買股，是不是越容易賺到大波段的錢？您一定沒想到吧？如果搭上這一趟「火箭」列車，漲幅就是7倍以上啊！接著，我們再來檢視一檔「波段飆股」：「微端」（3285）。請看圖1-6，這家公司主要是做手機的中小尺寸面板，屬於面板業。

圖1-6 「微端」從低價股出發，後來的漲幅至少在2倍以上。

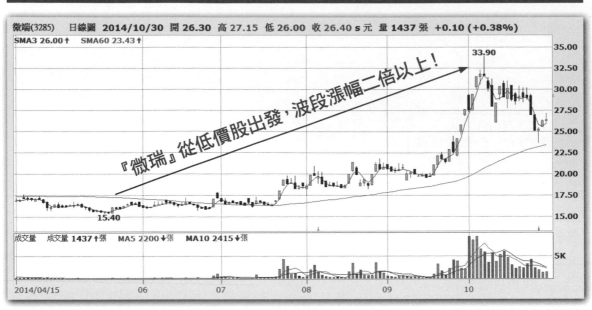

（圖片來源：XQ全球贏家）

　　筆者發現，「台端」（代號：3432，所屬產業：連接器，股本6.56億）、「立端」（代號：6245，所屬產業：工業電腦，股本9.08億）、「微端」（代號：3285，所屬產業：面板，股本4.41億）這三檔股票的股價似有「連動性」。

　　我曾經把這三檔股票並列，加入「自選股」，然後加以觀察，發現它竟然有非常相像的股性，只要其中一家漲停板飆夠了，就換另一家漲，再換另一家漲。反正誰也不甘寂寞！跌的時候一樣，誰也別想有免死金牌！就這樣輪流漲跌，屢試不爽。它們目前的股價都在二、三十元，但都是小股本，同時都是從低價出發的，難怪股性如此相像。類似「台端」、「微端」、「立端」這樣具有輪漲性質的股票，應該還有不少，可以自行從實戰中發掘。最好的策略就是，「做多」時要從已經漲多了的股票，換到其他還沒漲的股票去；「做空」時則從漲少的股票，換到漲多的股票。如此輪流操作，必有所獲。當然，筆者認為配合大勢，在大盤「非跌不可」時才做空比較好，沒事不要找「漲多的股票」麻煩，免得被軋空。

駕馭飆股的行動原則四：誰先反彈，誰先贏。

在大盤跌的趨勢形成時，好股票、壞股票都一樣不可抗拒地跟著摔落地板，但是有些股票耐摔，恢復得很快，這種提前大盤反彈的股票，也能視為領頭羊，在股價的飆勁上往往較強。如截稿前「華星光」（4979）便具有這樣的威力。大盤在2014年10月16日有一次很明顯的落底現象（以後會不會再破底，在此不擬討論），而這時「華星光」已經提前兩天落底反彈。它先反彈的結果，就先勝出了！7個交易日裡，已經從42.2元反彈到53.5元，波段漲幅是21.1％了。

強勢股票總有強勢的理由：大陸一級城市開始鋪設光纖，「華星光」（4979）深耕多年的大陸業務開始發酵訂單應接不暇，基本面出現轉機。事實上，從2013年第4季開始，該公司就已經對外宣稱「長線需求存在」，且靠營運數字證明一切。2014年大陸光通訊主動元件市場需求回復熱絡，華星光下半年起單月營收開始跨越2.5億元關卡；前三季營收21.2億元，年增36.4％。基本面不錯！

圖1-7 加權指數在2014年10月16日，有一次較為明顯的落底反彈現象。

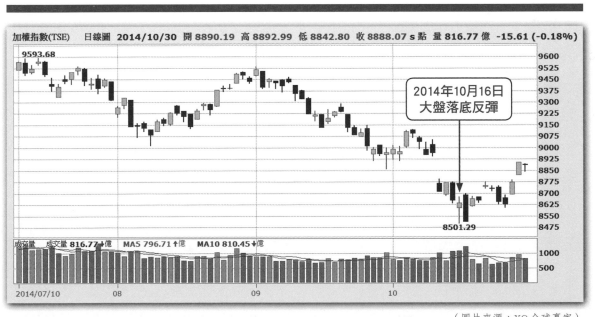

（圖片來源：XQ全球贏家）

圖1-8　「華星光」在2014年10月14日已經先大盤而反彈。

「漲時重勢，跌時重質」，股票的選擇，每個高手都有他的一套密技，筆者在個人的研究中發現，「誰先反彈，誰先贏」似乎有其準確的效用，請讀者參考使用。類似「華星光」的波段反彈，也可以作為其他股票的借鏡。

其實，「波段飆股」的尋找並不難，真的是「江湖一點訣，說破不值錢」，很多股市老手都是這樣，本來不學習的話，是不可能知道的，一輩子只有繼續賠下去。但是，一旦學到了，他馬上就忘記是從別人那兒得來的。過幾個月之後，忽然發現老是賺錢，會以為是自己「本來就會的」！呵呵^_^這種事，筆者是看多了！這就是人性！難怪很多高手都不輕易透露真正的訣竅或細節，大概原因在此。筆者每天研究股票達十幾個小時，當然也有不少新招，以上僅略舉一二，主要是告訴讀者，學習「波段飆股」會讓你享受到從未有過的成就感！

連小細節都教，
巴菲特這樣找主升段

說到波段的區間，有時很難畫分。但是我們常聽人說「我是做波段的」「我是玩短線的」「我是做長期投資的」，這些說法中，無非把波段視為不長不短的「一個階段」來看待。

然而，從技術線型的觀點來看，波段也可以細分為短波、中波、長波。那麼，如何畫分它們的投資時間呢？

大抵來說，「波段」還可以這樣細分：

一、短波段：指當日資券沖銷、現股當沖、隔日沖或三、四日以內的交易，都叫做「短波段操作」。大致上是一週以內出清持股。

二、中波段：指一個月以內的波段操作。

三、長波段：指一季以內的波段操作。

除此之外，也有人把一個投資人持股期間的長短，分成五種類型：

一、帽客：每天在號子裡搶進搶出（搶帽子）、做當日沖銷的人。

二、短線客：兩、三天就進出股票，從中賺取差價的人。其持股期間比帽客長些。

三、短期投資者：持股期間在三個月內就賣出者。

四、中期投資者：持股期間達三個月至一年左右才賣出者。

五、長期投資者：持股期間達一年以上才賣出者。

上班族或沒時間看盤者，不宜做當沖交易，因為那無異於盲目射擊，形同賭博，最好是採取小波段操作。「自律」是贏家的護身符，不該當沖而玩當沖，壓力會很大。壓力大，就容易輸錢！所以，改做「小波段」就沒有「一日內交易」那麼緊張了。在下班後或晚上、假日再看看線型變化、籌碼概況，進行策略修正或擬定新戰略也不遲。

記取台股的優勢，好好練功

前面說的是依據時間的投資長短，來審視股票的起承轉合；另外有一種判斷的方式，則是依技術線型，來檢視所謂的「波段」。用技術線型來畫分的話，波段之大，可就不一定只在一季之內了。股市裡一波波、一段段的波段概念，應該是源於波浪理論與操作。

據說當年有一位叫做艾略特的美國人炒股失利、心緒不定，走至海邊看到浪打懸崖，頗有另類想法，結果在思忖之際，從奔湧的海浪中悟出了股價起伏的規律。

他原是一位專業會計師，因病退休。在養病期間，他觀察華爾街股市內股價的變化，發現股價在一個完整的循環變化中，呈現出固定的波浪走勢，於是發明了「艾略特波浪理論」。

艾略特認為，波浪理論不僅可以洞悉股票價格漲跌的脈絡，更可以解釋宇宙間所有的運動，於是提出許多實例與資料來證明自己的看法。

他的波浪理論，並不複雜。簡單地說，就是股票在一個完整循環下，不論是多頭市場或是空頭市場，都會有八個波段。

圖1-9　艾略特波段理論在多頭市場的運用。

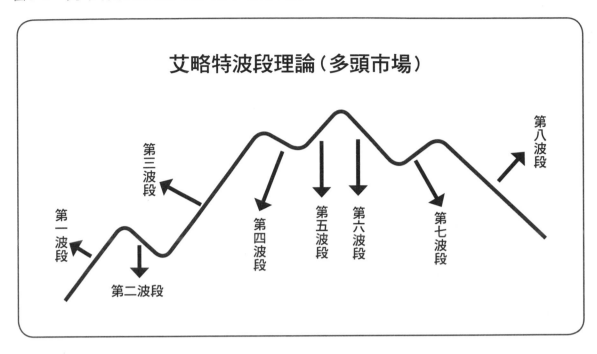

圖1-10　艾略特波段理論在空頭市場的運用。

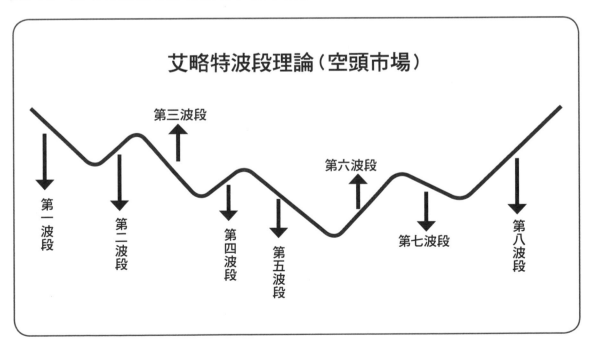

以多頭市場來說，前五個波段是上漲行情，而後面三個波段，是下跌行情。在上漲行情的五個波段中，第一、三、五屬於上漲的走勢；第二、四則是回檔整理。在下跌行情的三個波段中，第六、八個波段是下跌的走勢，或稱為A波、C波下跌；第七個波段，則是反彈整理，或稱為B波上漲。

在圖1-9和圖1-10的兩圖中，若處於多頭市場時，有兩點必須注意：

一、第四波段的低點，應高於第一波段的高點。

二、在上升的五波段中，通常第三波段的漲幅最大，也就是所謂的「主升段」。這是做多股票最「有肉」的部位，我們通常也會說，最甜蜜的波段就是「主升段」；以股神巴菲特的用語來說，就是「雪最深、坡最長」的波段。

我們如果想把「艾略特波浪理論」成功地運用在股票的操作上，必須懂得一個最重要的觀念：不論幅度多大、多小，不論時間多長、多短，也不論股票價格是漲、是跌，任何一個股價運動的「波段」都屬於較大一級波段之中的一部份。

由於股價的走勢有各種不同級數的波段，到底多大的幅度才能算是一個波段，非常的抽象，根本無法界定。所以，波段的界定很難用轉折點來畫分。

「波段」這兩個字，並沒有方向性，它可能上漲，也可能下跌，因此，它的解釋也可以是：在股價下跌的趨勢裡，只要股價不向上突破前一個波段的最高價，它的下跌波段還沒跌夠；然而一旦突破前一波段的最高價，它的下跌波段就在反轉向上的最低價位之處完成了。

從以上的解釋裡，我們可以體會到在上漲的波段中，股價不回落或跌破起漲點，我們根本無法確定這個上漲波段已經結束。也就是說，就算是我們買到起漲點的價位，在股價還沒跌破成本價時，我們就不能說波段已經走完。

我們只能概括地說，一波上漲或一波下跌運動的階段性終結，叫做「波段」。

從這樣的分法，可知：

波段操作，是屬於短期投資。就像波浪理論一樣，關注波段的轉折點，研判頭部（峰）與底部（谷），尋求在最短期間內獲得最大利潤。在下跌波中減碼，省去

下跌波段的損失；在上升波段中加碼，以求得到更大的獲利。這就是波段操作的目的。

不過，必須聲明的是，我們強調的是波段操作，如果一檔股票擺個一兩年大長線投資計畫，那已經不算是波段操作了，只能說是「投資」，而不是「操作」了。

「操作」是有買有賣、高出低進、反覆下單，這才需要功力，獲利也比較大。所謂「不看盤」的懶人投資術或「價值投資」論者，他們對報酬率的要求，恐怕多是只能打敗「通膨」或「比定存更好」，「不蝕本」的意義較大。您能用巴菲特的方法「短期致富」嗎？

當然，筆者無意強調，短期投資必能致富。畢竟波段操作的理念不在於「不蝕本」，而在於「富貴險中求」。當然，越懂得股票經營，「險」就越小。

至於「波段飆股」，指的是一檔在一定日期內「由低接到高賣」或「由高賣到回補」的操作過程。所以，不管做多、做空，它必定是一檔潛力黑馬股。這檔股票的潛力，是根據力學原理，以價量關係推算股票的漲升或跌落能力而完成的。只要能儘快在短期內賺到大錢都行。

雖然台灣的投資人基本上以做多為主，但照我們前述的定義來看，顯然向上飆（買進股票後，股價衝高）或向下飆（放空股票後，股價重挫），都算是「飆」，那麼不論是現股買賣、融資做多或融券放空，都算是股市波段操作的戲碼。中國大陸的A股，從前因為沒有融資融券，所以只准向上飆；碰到股價向下飆的時候，不想賠錢的投資人就只好休息，因為不能放空。不過，近年已經有條件地容許大戶操作融券（雖然散戶也可以融資融券，但門檻仍比台灣高些）。台灣散戶應該珍惜的是沒有財力證明，只要有信用交易的資格（條件也很寬），就至少有50萬元的資券額度可以操作。只要經過簡單的學習、懂得使用融資融券的方法，就可以在股市雙向操作，不一定只有多頭時期才能獲利，空頭時期一樣可以靠放空賺錢！這是台股的優勢，同時台灣官方在2009年開始已把「券商分點」的買賣資料放進網站，非常方便閱覽，所以籌碼面的研究，讓我們獲利的機會大增！這更是台股的優勢！

股票箱＋均線，
波段財入袋

　　作為一個波段操作者，最需要了解兩種知識，那就是：「股票箱理論」和「移動平均線」。

　　「股票箱理論」是目前投資者使用最多的技術分析理論之一。它是由美國20世紀70年代的芭蕾舞星大衛士‧尼古拉發明的。本來他對股票完全外行，可是卻在工作之餘，運用自己無意間發現的「股票箱理論」，以三千美元開始操作，結果在數年間賺進二百多萬美元（約700倍），還寫了一本名為《我如何在股市賺進二百萬美元》的書。這件事經過美國著名的《TIME》雜誌報導之後，更吸引了不少投資人爭相學習他的「股票箱理論」。

　　尼古拉認為，股價的上上下下，一般是會在一定的範圍內波動的，這樣就形成一個股價運行的箱體，也就是「股票箱」。

　　例如：某一檔股票上漲時，原在40元至45元之間上下跳動，而其跳動不會出脫這個範圍，以致形成像箱型一樣的股票箱，股價續攻上漲跳到46元至50元間，

上下波動又形成另一個股票箱，下跌情況也是一樣，它可以用來告訴我們股票的「買賣訊號」。

股票箱理論，可簡單歸納出以下的原則：

1、要先知道股價趨勢，確定股價是在漲或跌的方向，再找出其高低點。

2、根據行情的轉折點，配合股價或指數的漲跌幅度，計算交易的時機。

3、操盤時要順勢而為，在上漲行情一定要堅持做多，下跌時停止操作。

4、股票箱理論操作者，最好以中長線的波段為標準，不要任意做短線。

5、觀察箱形變化規律，勿急於在第一股票箱內進場，才容易拉高勝率。

6、當日或短期的變動，常受到某些突發的因素影響，操作應提高警覺。

至於如何判斷股票箱的運行方式呢？

1、如果股價上漲，穿過原來的股票箱，就表示仍有上漲空間；如果股價跌破股票箱，則表示仍會繼續下跌。

2、在短期判斷上，可用前一天股價最高值為箱頂，最低值為箱底，將兩者相加除以二，作為參考的「買點」。

3、在中期判斷上，可先以一個股價作箱子的區間，如果股價在中間位置附近衝破箱頂，就是買點；下一個箱子的高點再賣出。

4、在長期判斷上，和中期是一樣的，只是區間要加大。

但是，股票箱和均線理論，只是最基礎的知識，在變化多端的現代（尤其指人為因素極大的台股）看來，已經有點過於單純了。不過，不可諱言的，股市新手仍然都該從學習這樣的初階知識開始，然後再進階到更高的實戰技巧。惟一必須提醒的是，「股市的水是很深的」。股市新手在研究「股票箱理論」時，常忽略一點，就是股價並非一成不變在股票箱上下移動的，它也可能衝出箱頂，或跌破箱底。如果一味以為來到箱頂就該賣、跌到箱底就該買，那就不算是高手了。

高手會告訴你相反的思維：衝出股票箱的，反而應該用高價去買它，最後可以用更高價賣掉它。這才是贏家的思維！因為：大幅衝出股票箱的，才叫做「飆股」！

制伏脫韁的野馬，要有突破的思維

「飆股」的基本形態，是「價量俱揚」。我們利用移動平均量的增減，可以預測股價的未來變化。因為成交量常會發生暴增暴減現象，且「量能」並沒有連續性，有時會隨主力的意志（消極洗盤或積極操作）、突發的新聞事件而改變，所以必須先觀察一段時間，從成交量、移動平均線的變化，才能真正研判出資金能量增減的意義。

在這裡，筆者要說的就是，「股票箱原理」和「移動平均線」是框不住一支飆股的！飆股，就好像一個「偉人」、「巨人」、「傳奇人物」一樣，他是不可以用常理來論斷的！

飆股之所以成為飆股，就是因為它的股價上揚得太厲害了——已經跨越「股票箱」太遙遠了，也離開移動平均線太遠了，所以才看出它是一檔有「飆股血統」的賺錢股票。所謂「在青蛙的眼裏，微微漣漪也成滔滔巨浪；而在大鵬的心中，汪洋大海只不過是一杯瓊漿。」，燕雀焉知鴻鵠之志？

如果用「乖離率」來看，飆股通常已超過一般的「危險數據」了。這也是為什麼飆股都在證交所的「注意」觀察名單中的原因。常有人打趣地說，所謂「注意股」就是說：「注意哦！這是一支飆股哦！」

記得筆者初涉股市的時候，在號子裡充滿了好奇。當年證券商的大廳都很熱鬧，因為還沒有網路下單。有一天，我發現同一個號子裡，有一位中年人總是拿著一疊資料在人群中穿梭。他並不專注於自己的操盤，倒是常常與在場的「菜籃族」寒暄談股票……尤其喜談個股的走勢。他似乎特別關注對方所買股票的股價位置是否安全，總是告訴對方該買不該買、能買不能買。所以，很多對持股沒有信心的婦女都會隨口問問他，他就翻一翻手上那一疊股票的K線圖，然後不斷在指導著對方。後來，我才了解他是在號子裡尋找客戶當作「會員」，伺機擔任他們的股票顧問（好像是無牌照的投顧老師）。至於如何計酬收費，就不清楚了。

讓我印象最深的便是，有一次見他又在向圍觀的群眾論斷一檔股票的「生死命

運」，這時圍觀的人極多。我記得他是在評判「開發」（即「開發金」，代碼：2883）的前途。他說：「開發這一檔股票嘛，現在是……46元，已經漲太多了，危險，不要買！它的頸線位置在42元。」

「開發」當時是一檔熱門股。有一位太太忍不住問他：「那什麼時候可以買？」

他看了一下手上的圖表，回答說：「回到38元的時候，是最好的買點。」

那年，是台股的黃金年代初期，金融股後來甚至都上了千元。由於「開發」那時非常強勢，很多人都心癢癢的，於是有人著急地問：「萬一它回不到38元呢？」（當時的股票都易漲難跌，何況是強勢股！）

這位形同投顧老師的中年人說：「不要急，股票是怎麼上去，就怎麼下來的！」

又有一人問：「萬一它不下來，多少錢可以買？」

中年人回答：「那就40元以下買，最多不要超過42元，這是頸線位置！」

不料，這時旁邊有一位似乎看他很不順眼的青年人就駁斥他說：「開發所以會漲這麼多，就是因為它有潛力、有發展性嘛！哪裡一定會按照這條線在走！」

那是1987年左右，台股才剛剛開始飆漲。當時筆者剛剛出道，對股票也一無所知，但現在回憶起來，便很清楚他們在爭辯什麼了。原來那位「投顧老師」是把大部分的股票線圖都手繪出來（22年前股票種類並不多），然後在移動平均線上下畫出一個股票箱，運用股票箱原理，來說明：他認為開發42元才是「正常」價位。當股價來到箱底（38元）時，就是安全的買點；當股價又衝到箱頂（46元）時，就應趕快賣出，以免住進套房、被套牢了。他就是運用這麼簡單的「股票箱」原理（和BBand軌道線一樣，以中間點為關鍵的取捨標準）在走江湖。

那位「投顧老師」聽到有人發出不同的聲音，大概覺得有損「權威」，就很嚴肅地與對方辯了起來。他大聲強調：「股價已經這麼高了，還要繼續買嗎？………我們不會把會員帶到危險的地方去啦！」他把最後一句話連說了好幾次，企圖增強

說服力，以拉攏圍觀者。

這位外型看來有點保守穩重的投顧老師凶了青年人幾句以後，繼續對另一圍觀者解說其他股票的走勢，大概也無意擴大爭端。

各位股友，想不想知道誰說的對呢？

結果，過了一個月之後，正確的答案出來了：當時應儘快介入「開發」才對，甚至用漲停板追價都沒問題！「開發」的股價一點都不「危險」！不用怕！因股價已慢慢漲、天天漲，從當天的46元一直飆到98元了！足足漲了一倍之多！

這就是飆股！現在回憶起來，飆股的確不同凡響，不是簡單的股票箱理論、移動平均線，甚至波浪理論可以局限的！那位青年人說的對，開發所以會漲這麼多，就是因為它有潛力、有發展性。後來那檔股票因為已經衝出股票箱了，別說回到42元，根本連用46元以下去買的機會都沒有！

事隔二十多年，我對那一幕始終非常難忘，這也帶給我往後的操盤生涯無限的啟示！

飆股是異類，跟進要順勢所為

年少時，筆者學過騎術。老師教我們要先學會「打浪」，也就是要在馬背上跟著起伏的節奏前進。這用在股市來說，就是順勢而為。

儘管在感覺上，好像台股的投資朋友都在做短線，但是究竟自己適不適合作短線呢？也許您聽說過一句話：「中線投資賺的最多」，但自己也要考量一下，自己有沒有耐性作中線的能力。能夠「手中有股票，心中無股價」嗎？如果不行或做不到，那麼連中線也不適合的話，長線就更不用說了。

幸運的是，投資的方式可以有很多種，短、中及長線都能獲利。不論選擇什麼方法操作，基本的前提是不要勉強自己。

不適合做短線，就別硬往短線的人群中擠，搞得神經兮兮；不適作中線，卻硬要以中線應對，結果老是抓不著高低點，也會讓自己喪失信心的。

一定要有自知之明，如果你在看盤時，不怎麼順暢，最好改做「波段」進出。既不會因手腳太慢而失去先機，也不怕漲幅過大、股價悄悄回落，讓你白做工！

中線投資主要在掌握階段行情，必須基本分析與技術分析同時配合運用，如果對這兩種分析都沒有把握，操作結果必定毫無勝算，往往不是在階段高點還沒到時就已賣出，或者眼看著股價在賣出後竟然不跌反漲，又耐不住寂寞，繼續追高，股價卻突然回頭，讓你賣也不是、不賣也不是，而陷自己於進退兩難的地步。

作「長線投資」應是大家最想要的投資法了，誰不想抱到一檔股票、不必一直研究，就只等著獲利？可惜那並不簡單。大部分吹牛的老師，都會教您如何「坐以待幣（新台幣）」（指的是不看盤投資法），卻無法告訴你究竟抱哪一檔股票，就能坐享其成。大部分老師都是事後吹牛的多。誰能在94.5元，把宏達電（2498）抱到1300元呢？都是事後編派的！誰又能把它從1300元空到118元呢？事實上也不可能，融券有一定的期限，還有股東會前回補的規定。

曾經有熟悉「鴻海」（2317）內部營運的投資人曾經靠該股票「存股」發財，這故事我聽過（好像是郭台銘在一次年終晚會中也提過）。但說故事的人並沒有預言，在那時之後到現在是不是也一樣發財？

最近更有一位政治名人告訴筆者：「如果你把大立光（3008）的股票，從前幾年的100多元一直抱到現在（2014年7月16日股價來到2640元），那還需要研究什麼嗎？」

呵呵^_^說的容易，如果從今年（2014年）7月才開始抱呢？到10月28日，這檔股票可是1935元！

可見得「白吃的午餐」不是我的菜！我想，只有熟知內線消息的大股東才比較適合「不看盤投資法」！

發財不必急，
波段戰術會挺你！

　　那麼，做波段的人應該秉持什麼樣的心態呢？抓住一檔股票的「頭部」和「底部」慢慢操作，獲利一樣可以積少成多。別人有成功的條件，我們呢？只要肯學習，一樣有翻身的理由。發財不必急，波段戰術會挺你！

　　在每一年的行情中，都有「峰」和「谷」，峰頂是賣出機會，谷底是買進的機會。對於大盤來說，波段操作很容易找到這樣的位置。很多個股都具有一定的波段獲利機會，我們對一些個股進行仔細研判，再去確定個股的價值區域，遠遠離開價值區域後，市場會出現拉回的壓力，這時候再賣出；當股價進入價值低估區域後，再在低價位買進，耐心持有，等待機會，這樣就會穩操勝券。

　　整體來看，市場總是處於波段運行之中，投資者必須把握波段運行規律，充分利用上漲的相對頂點，抓住賣出的機會；充分利用基本面的轉機，在市場最悲觀的時候買進。每年只要重複做幾次這樣的操作，就能獲得良好的效益。「峰位」和「谷底」是指股價在波動過程中所達到的最大漲幅區域。從技術上看，一般出現在

以下位置：趨勢通道的上下軌趨勢線；成交密集區的邊緣線、我們事先設定的停利停損點；以及技術上的箱頂箱底位置……等等。

如果您還不知道什麼是勝率最高的操作，那說明您還不懂得如何抓住「頭部」和「底部」，這裡教您最簡單的判別方式，就是利用「3日移動平均線」和「60日移動平均線」的交叉情況，來作取捨的標準。如果能判斷一檔股票的「峰」（頭部）和「谷」（底部），也像懂得騎馬的「打浪」一樣，能隨著股票的律動上下，那麼自身的安全度就提高了。

舉例來說，台積電（2330）什麼時候是最安全的技術買點呢？請先把它的「日線圖」拿出來，設定「3日均線」和「60均日線」的兩條均線，才看它們的位置關係。找到這兩條均線的交叉點。當「3日線」穿越「60日線」而上時，就做多；「3日均線」穿越「60日均線」而下時，就做空。這就對了。

不過，在細節上並不是這麼簡單的，還有許多訊號必須參考，才能確認何者是最好的買賣時機。

請看圖1-11，2014年2月14日就是SMA3（3日均線）穿越SMA60（60日均線）的最好「做多」買點。事實上，在2月14日的前兩天，「3日均線」就已經穿越「60均日線」而上了，為什麼不算數呢？

是的，我的選股還需要加上漲停板的條件！

惟有漲停板（即使沒有漲停板，也至少要6.5%以上的漲幅），才是「攻擊發起線」，才證明這檔股票決心做個強者了！強者恆強，弱者恆弱，惟有強者才會繼續上漲，才會有大波段的漲幅！

在這個向上攻擊的行情中，這位強者手上還必須有兇狠的武器，才足以達成任務，那就是動能──成交量要夠大！不僅要比前一天的成交量大，還要比五日均量大一倍半以上，最好還是要大兩倍以上！

底部出量，總是好事。

有些股票成交量大到十幾倍以上，那是因為有一個或幾位大戶把他的持股在同

一天出掉的結果，才會因而暴出大量。筆者認為，只要最後的結果是漲停板的話，那還是無所謂的！除非那位大戶不是賣股，而是借券放空，那才需要考慮「多空力量的比較」問題，否則只要是漲停板，就表示多方已經取得「發球權」了！

前面說到「漲停板」是我選股的必要條件。

但是，「台積電」的股本是2,592.94億，它占「臺灣50指數權重」高達23.50%，這樣的超大型股票，一般來說，要漲停板相當不容易，所以不能拘泥於死板的數據，必須變通一下。

在圖1-11，「台積電」在2014年2月14日的股價是收最高價107.5元，在技術上是「光頭」的K線，次日容易開高或收紅。而它當天的漲幅是2.38%，已經比前兩天都好。同時，它的成交量是42,738張，為五日均量（27,487張）的1.55倍，算是合乎我的選股標準了。

所以，這一天是最接近起漲點的買進時機了！

圖1-11 「台積電」在2014年2月14日是起漲點。

（圖片來源：XQ全球贏家）

接著，我們再來探討一下。請看圖1-12，在同一張「台積電」的日線圖上同一個區塊，有比2014年2月14日更早的一天（2014年1月16日），它的「3日均線」也已經穿越「60均日線」而上了，為什麼不算數呢？

是的，2014年1月16日雖然如此，卻並非安全的起漲點，因為它的收盤價107元，漲幅1.9％，是由107.5元跌下來的，所以有上影線。

我的條件是要光頭的，不要有上影線比較表示「沒有賣壓」。

其次，它的成交量49,601張也不合格，因為只有五日均量36,830張的1.35倍。

我們再來看次日，2014年1月17日的價格是開108元，收107.5元，漲幅只有0.47％，並不強，何況仍有上影線。

至於它的成交量55,767張，也只有五日均量40,725張的1.37倍，也一樣不合格，也正因為它的數據顯示不強，於是不久，台積電的股價又由3日均線穿越60日均線而下了。直到2014年2月12日才再穿越向上。

圖1-12　由價量關係判斷「台積電」1月16日並不是安全的起漲點。

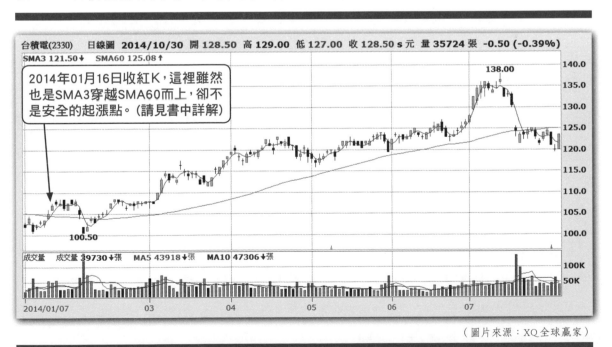

（圖片來源：XQ全球贏家）

賣點選擇：
5日和10日均線交叉向下

在本書中，筆者順便首次透露一下，我雖然是運用獨家的3×60加上3×5×8均線交叉向上的選股策略，作為研判起漲買點的方法，但是在該檔股票的賣出點，卻不是沿用老方法，而是改用5日平均線和10日平均線的交叉向下，來作為研判該不該賣出。因為跌破3日線就賣出，難免失之急躁，股價再上來的可能性很高。跌破5日線，則是積極的主力不該有的動作，所以我們在股價跌破5日線時，才把股票賣出，比較穩健。當然，更厲害、更懂得耍散戶的主力是跌破5日線後再拉上來的。所以，操盤必須隨機應變，不能用一招就想成為打遍天下的無敵手。

不過，股價從高處跌下，肯定不該超過7％。因為股價跌幅超過7％，次日就沒辦法創新高了，證明主力沒有誠意。那股票勢必休息兩天以上。根據我的「經驗值」，跌幅超過6％的股票，也曾經有在次日被拉上漲停板、創了新高的案例。後來，我從籌碼研究才發現，原來是別的大戶「你丟我撿」的結果，並非同一主力所為。那檔股票後來不但不跌，還繼續向上，因為K線型態已經形成「多頭吞噬」，

所以改變了股票下跌的命運。

　　同一主力操作，正常情況下是不該跌破5日平均線的。所以，我們在跌破5日均線才賣股，比較合理。至於為何不用3×60作「起跌點」呢？因為一旦股價被炒高之後，距離60日平均線，早就乖離很遠了，當然不適合作為標準。10日均線在此，應該接替扮演比較重要的角色。

　　請看圖1-13，「台積電」在5日均線和10日均線的交叉向下，是在2014年7月15日，收盤是133元，距離高點不遠，同時也是比較「確認」的賣點。

　　如果用3日均線和10日均線的交叉向下，也是在同一天。因為3日和5日的數據在大波段來看，相距是不遠的。我用5日線來設定，是為了方便看到「跌破5日線」的價位是多少。如果用3日線設定，就沒有這個好處，還得自己計算。

　　但再請看圖1-14，如果像從「起漲點」找買點那樣，用「3日均線和60日均線交叉向下」來找賣出點，就會到2014年7月21日才賣出，收盤價是123.5元，那就失去高價賣出的機會了。

圖1-13　用5日均線和10日均線交叉的方法，賣在2014年7月15日，收盤是133元。

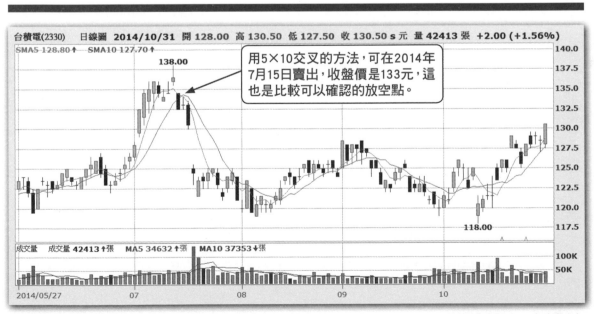

（圖片來源：XQ全球贏家）

圖1-14 如果沿用3日和60日均線交叉的方法賣出，將會在2014年7月21日才賣出，收盤價是123.5元。

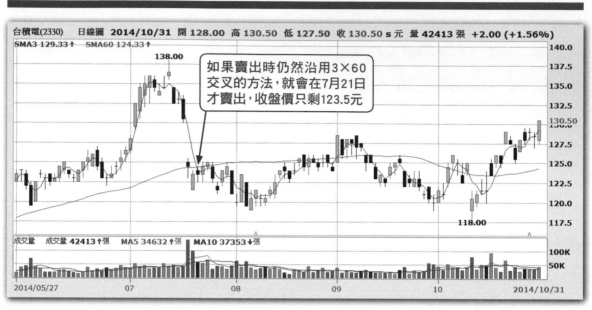

（圖片來源：XQ全球贏家）

CHAPTER 2

飆股揭密一／
財報

技術線、籌碼雖能及早發現股價變動的異象，

然而，

股票所以會有內部人士介入，

還是基於營運發生改變，

財報，

就是股價變動的底牌。

捉重點看財報，
新手也輕鬆入門

　　很多買賣台股的人從不看財務報表，投資股票差不多都是聽從報章雜誌資訊或股友的建議，這就是所謂的「明牌」。但是，明牌是最不可靠的。結果常常是：運氣好的上天堂，運氣不好的住套房。古人說：「靠山山倒，靠樹樹倒，靠人人老，靠自己最好！」實力才是成功的必然結果。

　　基本上，分析一般人為什麼不愛看財務報表的原因，無非是因為財務報表的內容很深奧難懂，懶得去研究。其實，如果你是幾十年的股市老手，早晚會覺得，很多飆股其實都來自基本面的因素。只是外行的人無法「事先」預知，只有熟諳訊息的內部人士才瞭如指掌。但是，技術線型、籌碼研究雖可較早發現股價變動的「異象」，但真正原因還是要從基本面來確認。一檔股票所以會有內部人士提早介入，也是由於營運發生重大改變，可見「財務報表」就是營收的底牌了。

　　筆者從前採訪過五、六十位基金經理人，印象中有好幾位都曾向筆者提過他們的某一檔股票，就是從財務報表發現疑點，並且窺知「此股必飆」的。後來他們就

在某一個價位分批買進基本持股，同時緊抱不放，最後這一檔股票，竟然真的就從低價（例如二十多元），飆股到難以想像的超高價（例如四百多元），獲利足足二十倍！

從這一點看起來，基本面的營收或產業訊息一樣可以「小兵立大功」的，不是只有技術面、籌碼面才能發掘飆股。

看財務報表，一點都不難

財務報表(Financial statements)，通常簡稱為「財報」，是一套會計文件檔案，它反映一家上市或上櫃公司過去一個財政時間段（主要是一季或一個年度）的財政表現，及期末狀況。

比較詳細的財務報告(表)包括那些內容呢？大約有：(一)會計師查核意見書。(二)、資產負債表。(三)損益表。(四)、股東權益變動表。(五)、現金流量表。(六)、附註及附表。(七)、重要會計科目明細表。(八)、其他揭露事項。

以上第六項附註及附表是什麼呢？它是用以補充說明主要財務報表之內容，好讓使用者能更明白財務報表的內容。它包括了：公司沿革及業務、重要會計政策之彙總說明、會計原則變動之理由及其影響、重要會計科目之說明、關係人交易、質抵押資產(債權人對於特定資產之權利)、重大承諾事項及或有負債、重大之災害損失、重大之期後事項、其他避免使用者誤解，或有助於財物報表之允當表達，所必須說明之事項。

不過，在這些資料中，與我們所要研究的潛力飆股比較有關的有四份大表：

（一）、損益表。

（二）、資產負債表。

（三）、股東權益變動表。

（四）、現金流量表。

在以上這四大表中，又以損益表、資產負債表兩種最為重要。其中尤以損益表

更重要。換句話說，從這兩個表，就足以窺見公司的一些財務狀況。

先說損益表吧！從公司的損益表查看毛利率，可以判斷出一家公司賺不賺錢。買股票，就是投資上市櫃公司，投資賺錢的公司就是搭上了飆股的列車。

一般比較不內行的散戶看損益表，通常只注意稅後的純益，其實我們該學習法人機構的研究人員。他們都特別重視「營業毛利」。

所謂「營業毛利」（Gross profitmargin，或簡稱margin），是營業收入減掉營業成本所得的數字，主要可反映公司衝刺營業額的努力，以及生產管理成本控制的成果，因此，向來作為衡量一家公司獲利實況的重要財務指標，甚至還可以觀察該公司領先同業的競爭門檻有多高。

投資機構為什麼特別關心一家公司的營業毛利的高低呢？

主要原因在於，高毛利產業多半表示這個產業所存在或競爭的門檻較高，讓市場跟隨者不易進入——至少是現階段還無法進入，使得已在這個市場的業者可以享受較高的利潤報酬，因此，長期保持高毛利的企業，股價通常較受青睞；相反的，當營業毛利呈現由高走低的趨勢，中長期股價大致也會呈現中長空的格局。

所以，透過財務報表，不僅可以找到飆股，也可以發現地雷股。

損益表範例：
「台積電」是金雞，損益表早告訴你

一家公司經營能力如何？賺不賺錢？有多少成長性？看「損益表」就知道。

我們常常說，「台積電」是一家好公司，現在我們就來看看台積電（代碼：2330）的報表吧！為了方便閱讀，筆者採取截圖的方式來說明。以下這一部分是該公司2009～2013年（年表）本業部分的結構分析：

在以上這張圖中，所謂「營業收入」，有的公司是叫做「銷貨收入」的。這一點，不常看報表的人，可能不知道，就以為自己「看不懂」，其實是懶得看罷了。仔細聽筆者講一講就知道，其實是很簡單的。

營業收入淨額，就是這一年總共賺多少錢。

好比本例的圖表來說，它是以新台幣「百萬元」為計算單位的，本文列舉的是2009~2013年的最新資料。

在2013年中，台積電就做了5,970億的生意，扣掉3,160億的本錢，淨賺了2,809億！

表2-1　最近五年台積電損益表（年表，合併財報）

（資料來源：XQ全球贏家）

期別	2013	2012	2011	2010	2009
營業收入淨額	597,024	506,249	427,081	419,538	295,742
營業成本	316,058	262,629	232,937	212,484	166,414
營業毛利	280,966	243,620	194,143	207,054	129,329
聯屬公司已(未)實現銷	-21	-25	-74	0	0
已實現銷貨毛利	280,946	243,595	194,069	207,054	129,329
營業費用	71,516	62,538	52,512	47,878	37,367
營業費用－推銷費用	4,517	4,497	4,518	5,368	4,488
營業費用－管理費用	18,881	17,638	14,164	12,804	11,285
營業費用－研究發展	48,118	40,402	33,830	29,707	21,593
營業利益	209,429	181,057	141,557	159,175	91,962
利息收入	1,836	1,645	1,480	1,665	2,601
投資收入／股利收入	4,478	2,029	898	2,298	46
處分投資利得	1,605	541	233	737	16
處分資產利得	0	0	0	0	0
金融資產評價利益	5,268	0	507	321	595
金融負債評價利益	0	0	0	0	0
其他評價利益	0	0	0	0	0
金融商品減損迴轉	1,187	0	0	0	0
減損迴轉利益	0	0	0	0	0
存貨跌價損失回轉	0	0	0	0	0
兌換盈益	285	582	0	0	0
其他收入	1,294	1,985	2,241	8,115	2,396
營業外收入合計	15,954	6,782	5,359	13,136	5,654
利息支出	2,647	1,020	627	425	391
負債性特別股股息	0	0	0	0	0
投資損失	0	0	0	0	0
處分投資損失	0	0	0	0	0
處分資產損失	0	32	201	849	0
金融資產評價損失	5,603	0	0	0	0
金融負債評價損失	0	0	0	0	0
其他評價損失	0	0	0	0	0
金融商品減損損失	1,539	4,232	266	160	913
減損損失	0	445	98	0	0
兌換損失	0	0	186	99	627
存貨評價損失	0	0	0	0	0
其他損失	107	557	392	507	221
營業外支出合計	9,896	6,285	1,768	2,041	2,153
稅前淨利	215,487	181,554	145,148	170,270	95,463
所得稅費用	27,468	15,590	10,694	7,988	5,996
經常利益	188,019	165,964	134,453	162,282	89,466
停業部門損益	0	0	0	0	0
非常項目	0	0	0	0	0
累計影響數	0	0	0	0	0
少數股權前稅後淨利	188,019	165,964	134,453	162,282	89,466
取得多數股權前淨利	N/A	N/A	N/A	N/A	N/A
少數股權淨利	-128	-195	252	677	248
子公司董監酬勞	0	0	0	0	0
本期稅後淨利	188,147	166,159	134,201	161,605	89,218
每股盈餘(元)	7.26	6.41	5.18	6.24	3.45
稀釋每股盈餘(元)	7.26	6.41	5.18	6.23	3.44
加權平均股本	259,278	259,207	259,141	259,058	258,358
發放特別股股息	0	0	0	0	0
EPS－員工分紅費用化	0	0	0	0	0
庫藏股數--母公司	0	0	0	0	0
庫藏股數--子公司持有	0	0	0	0	0
稅前息前淨利	218,134	182,574	145,774	170,696	95,854
稅前息前折舊前淨利	374,316	313,924	253,456	258,506	176,669
常續性稅後淨利	187,101	170,131	134,277	162,234	89,769

您從2009~2013年最新資料的營收「步步高」，就可以清楚知道，台積電真是一隻很能賺錢的「金雞」啊！

當然，財務報表的細節很多。例如業外部分，主要是指處分資產損失（有的公司財務報表是寫「出售資產損失」），這部分的數據，也就是「業外收益」。

簡單地說，損益表的內容是這樣區分的：

表2-2

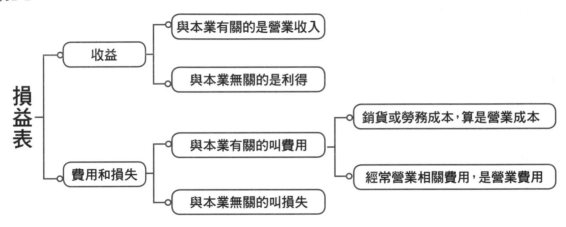

從以上的敘述，筆者把它歸納之後，作成以下的簡表，我們就可以看出一家上市（上櫃）公司的經營成果了：

從損益表可以算出公司的營運績效－－

表2-3

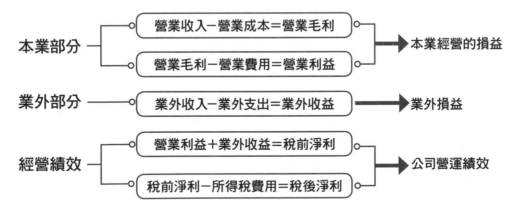

以上僅是以台積電說明損益表如何看待,至於從哪裡可以找到其他上市公司的財務報表呢?

筆者剛開始學習股票時,都到一些上市公司(或上櫃公司)的新上市記者會中,蒐集一本本的「公開說明書」(免費贈閱)。因為完整的財務報表,必須有公司負責人、經理及主辦會計簽章才行。簽章可以證明這份報表是由公司財務負責人簽署,並由公司發出,是正式且具代表性的財務報表。所以具有法律責任及公信力。

然而,現在要找到這些財務報表的機會太多了。舉例來說,下面的管道就可以取得了:

一、網路(例如證交所網站　http://www.twse.com.tw/　及公開資訊觀測站 http://mops.tse.com.tw)

二、證券基金會圖書館

三、上市櫃公司投資人關係部門(可以用電話找發言人詢問)

四、公司負責人或會計經理(登門拜訪,或找熟人引介)

五、報章雜誌(只能作為參考)

但是,有經驗的人知道,資訊的真偽還必須加以判斷才行。「盡信書,不如無書」在社會新聞中已經證明了這句話的重要。因有些股市作手為了炒作他目標中的股票,甚至還會在報紙公開刊登該公司不實的消息,例如宣揚根本沒有的利多或假的盈餘情況,大吹法螺,以引誘投資人上當、隨著他們搶進股票,作手就趁機把股票倒出。於是,誤信報紙廣告的投資人就被套牢了。有時股價甚至一瀉千里,令人難以翻身。不可不慎!

毛利率範例：
「力旺」高毛利，讓權證高手重押寶

　　法人評比股價的時候，毛利率的高低絕對是不容忽視的指標。歷史上的高價股均是高毛利率股，有品牌價值的公司毛利率也不會低。換句話說，毛利率是品質的一項認證。每一次上市（上櫃）公司公布財報，毛利率都是法人們格外關注的指標。因為當景氣、營收沒有出現劇烈變化時，毛利率的變動代表這家公司的競爭力消長，通常高價股也一定都是高毛利率股。如果有公司營收、獲利都向上，但毛利率卻衰退，那是什麼意思呢？法人的基金經理人一定會質疑：

　　「是不是產品碰到強大的價格競爭，或是產品組合變差了？」若公司宣布要切入新產品線，但新產品毛利率卻比原有產品差，法人們反而會擔心影響獲利表現。我們從法人的這一項思維，就可以想像到此一指標的重要性。

　　不過，一家公司的毛利率究竟算高還是低？那就要根據產業特性來評斷。據筆者所知，自生技股被看好之後，許多投信機構的主要持股都是高毛利率的生技股。

　　但是，高毛利率還必須搭配每股營收、淨利率，我們才能精準研判出其中的正

確意義。因為毛利率代表的是「障礙性」和「技術性」，所以享有高毛利率的公司，通常很能夠存活。在能夠存活的情況下，其中還要細分，如果一家高毛利率公司的「每股營收（營收／股本）」低於1.5，通常代表這是利基型企業，屬於大家不想切入的「小眾市場」（niche market，也被稱為「縫隙市場」或「利基市場」是相對於大眾市場mass而言的，與niche market相對的就是mass market），因為小眾市場是非主流市場，所以毛利率雖然高，但本益比通常高不到哪裡去。

其次，我們還要觀察「淨利率」，因為現在很多公司財報會把一些費用挪來挪去、東藏西藏，毛利率看起來很高，可是算成扣除所有成本費用的淨利率時，反而沒賺什麼錢了。例如很多生技公司，因為還處於研發階段，會有這個現象，這就要等到他們的技術變成熟了、能有效降低費用之後，毛利率才會呈現更真實的一面。

若能在別人尚未發現前（公司的大股東當然知道，這就是內線的威力，只是他們願不願意告訴你而已），先從某檔股票的財務報表解讀出「每股營收」很高、毛利率和淨利率也都很高，那麼這家公司的股票，就是你獨家發現的潛力飆股！

高毛利族群有三個特徵，分別為：擁有專利、技術領先，以及規模夠大。其中，生技股是可以受專利保護的最好的例子，只要不亂花錢，該公司通常可享有高毛利率。那就成了明顯的飆股。

「力旺」零成本，波段權證高手下大注

通常公司要有競爭力又高成長，才能同步享有高本益比，但利基型個股由於股性穩定，本益比不高。一個公司的獨特競爭力，非常重要。

常常觀察上市公司的研究員，會先把毛利率按高低排序，再配合低股價淨值比、低本益比等指標，一家一家去深入拜訪，了解這家公司能享有高毛利率的主因。這樣排序下來，會發現一些很有趣、甚至完全沒聽過的公司。

拜訪後才會知道原來有這麼特殊的產業，股價也因為市場不熟悉而被低估，當然適合趁早布局。毛利率高但獲利不好的公司，有時就必須仰賴專業判斷，預測未

來是否有變好的機會。高毛利率等於高股價，但不同產業的評估標準也不同。

　　了解高毛利率的意涵後，投資人也要認清自己的投資屬性，企圖心強的人要找高每股營收、高毛利率、高淨利率的公司，但這類型公司股價通常也較高；喜歡逢低布局抱長線的人，就找能長期維持高毛利率，但每股營收不見得高的個股。還有，如果目前淨利率低，但仔細觀察產業前景還會持續提升，也很適合長抱。

表2-4　前30名毛利率排行榜中的公司獲利狀況。 （資料來源：CMoney）

排名	股票	單季				
		毛利率	營業利益率	淨利率	ROE	ROA
1	3529 力旺	100.00	42.47	36.63	4.93	4.08
2	4152 台微體	100.00	-346.44	-335.26	-3.83	-3.69
3	4168 醣聯	100.00	-16,771.29	-13,240.59	-0.58	-0.58
4	4529 昶洧	100.00	-308.47	-312.34	-2.54	-1.64
5	6171 亞銳士	100.00	-50,100.00	-21,183.33	-0.33	-0.26
6	6212 理銘	100.00	-249.09	-263.67	-0.38	-0.12
7	8082 眾星	100.00	31.17	-119.68	-4.32	-1.68
8	6020 大展證	98.89	78.24	83.16	5.60	4.23
9	4950 牧東	98.41	270.44	794.07	-1.08	-0.97
10	6021 大慶證	95.37	56.00	64.06	4.42	2.03
11	6015 宏遠證	94.16	31.58	37.82	3.02	1.21
12	6111 大宇資	94.09	34.16	38.99	11.80	5.35
13	3083 網龍	93.41	-43.34	-39.20	-2.57	-2.36
14	2856 元富證	91.68	33.54	35.15	2.90	0.72
15	4994 傳奇	91.28	25.17	17.76	3.33	2.75
16	3546 宇峻	90.94	-1.90	-6.59	-1.24	-1.07
17	2855 統一證	90.72	37.03	37.53	2.72	0.91
18	6005 群益證	89.95	29.36	33.66	2.01	0.74
19	6022 大眾證	89.02	29.98	31.10	2.06	0.66
20	1435 中福	88.23	-24.96	0.14	0.00	0.00
21	1707 葡萄王	87.47	23.39	18.95	7.67	4.24
22	2809 京城銀	86.68	73.48	57.37	6.17	0.73
23	5203 訊連	86.58	32.74	23.16	2.80	2.04
24	6016 康和證	85.10	18.43	21.70	2.10	0.39
25	5907 F-大洋	84.86	17.49	15.41	2.58	1.11
26	4171 瑞基	84.55	-24.72	-21.71	-3.20	-1.46
27	2901 欣欣	84.21	16.12	17.86	0.72	0.62
28	3293 鈊象	84.09	18.42	16.33	2.69	2.27
29	5278 尚凡	82.66	4.91	2.59	0.59	0.41
30	5202 力新	80.39	-14.87	-13.86	-1.28	-1.16

從表2-5「力旺」（3529）的2009年～2013年的損益表，可發現該公司的「營業成本」越來越低，到2013年甚至已變成零成本。因而它的毛利率是100%。

從近半年來權證的交易活動中，我們也發現有兩位大戶（不知是否同一人），在今年（2014年）2月左右，用權證投資的方式買了五千多張「力旺」的認購權證，抱了兩個多月始終沒賣出，結果賺了3億多元（總獲利1.65億＋1.29億＝2.94億）才下車。這可能是熟知該公司的營運狀況或利多消息的高手所為。可見得一檔股票如果基本面夠強，就不怕權證的發行商用隱波率來修理權證的價格。

以另一檔股票「同致」（3552）來說，一位波段大戶就至少慘賠了幾千萬元，因為根據筆者的追蹤，他買的認購權證根本「出不了貨」，發行商在造市時，根本沒有足夠的權證讓他賣，而且在委買部位，始終都是在他的成本價之下。權證的發行商所以敢這樣修理「波段權證大戶」牟利，主要也是因為當時投信賣了一些標的股票，股價不振、一般投資人的買盤也並不積極的結果。所以，基本面如果夠好，像「力旺」那時知道內情的人應該不少，所以買盤積極，因而權證的發行商即使想用「隱波率」壓制權證價格也很難。

表2-5　「力旺」（3529）的2009年~2013年的損益表。　　　　（資料來源：XQ全球贏家）

期別	2013	2012	2011	2010	2009
營業收入淨額	808	611	644	843	615
營業成本	0	1	124	215	109
營業毛利	808	611	520	628	506
聯屬公司間未實現銷貨	0	0	0	0	0
營業費用	469	396	357	391	315
營業利益	340	215	163	237	191
利息收入	10	9	9	3	3
投資收入／股利收入	1	1	4	4	4
處分投資利得	0	0	1	3	12
投資跌價損失回轉	0	0	0	0	0
處分資產利得	0	0	0	0	0
存貨跌價損失回轉	0	0	0	0	0
兌換盈益	2	0	4	0	0
其他收入	2	3	3	1	0

從「流動資金」，
評估企業的償債能力

　　資產負債表，這個表，項目更多，應該先觀察「流動資金」這一項。流動資產這麼重要，有三個理由：

　　（一）、現金、存貨與應收款項，組成一個完整的營業循環，公司經營的好壞，在這裏就看得出來。

　　（二）、流動資金可用來支付短期負債，金額是否足夠，攸關公司是否會發生周轉不靈。

　　（三）、流動資產是本表最容易被動手腳的地方，如果經營者沒辦法創造好的業績，就會設法美化流動資產，例如製造假銷貨來虛增營業收入與應收帳款。

　　在查看資料時，一定要細讀附註，小心暗藏玄機。

　　判斷負債比率的準則是：負債比率大於50%，就是偏高；低於50%，較為安全。

　　資產負債表的另一個必看重點是「負債」資料。因為負債依照是否需要在1年

內償還而分為「流動負債」及「長期負債」，前者大多是因為日常營業活動而產生，例如供應商進貨的應付款項；有些負債雖非是營業後動負債，例如應付股利、短期借款等等。

由於長期負債多是幾年之後到期，雖有還債壓力，可是公司應變時時間較為充裕，因此，投資法人在看公司負債時，比較重視的是「流動負債」的部分，特別是當整體經濟不景氣後走下坡時，公司可能因為短期周轉不靈或財務吃緊，而造成流動負債高於流動系產、負債比較高、甚至發生延遲付款等情形，讓營運埋下陰影。

流動負債還有常見的情形，那就是它並不會完全記載在帳上，而是依照負債是否已經確實發生，而分成「確定負債」與「或有負債」2大類。若被歸類在「或有負債」裡，幾乎都不需要入帳，而是在財報附註中揭露。投資人如果發現「或有負債」，一定要看得更仔細。

由於每家公司幾乎都有短、中、長期營運計畫，需要不同期間的資金來因應，因此，在公司負債上，除要了解負債的分類，還要注意短債、長債的變化，提防公司「以短支長」。「以短支長」的公司，不會是理想的投資標的！

部分信用不佳的公司，因為無法取得長期融資，便會以「連續性短期借款」來支應，並以「借短期債」來還「短期舊債」。這種做法非常危險，只要公司一遇到突發情形，債權人停止短期融資，緊縮銀根，公司很可能就此出現周轉不靈的情況，投資人不可不慎。以「短期」支應「長期」的實情，可從流動負債長期負債間的消長看出一些端倪，例如當長期負債持續降低，流動負債卻逐步墊高，而負債總額卻無太大改變時，就可以合理懷疑這家公司以短期支應長期，最好儘快出清或者少碰為宜。

如果你想了解上市、上櫃公司的負債情況，只要上「公開資訊觀測站」輸入股票代號，點選「資產負債表」即可。

本益比範例：
「美律」營收大躍進，躋身飆股之列

　　很多股市新手可能從未碰過這樣的新鮮事，但老手大都經歷過台股在歷史上出現60倍本益比的記錄，那幾年風光無限的電子股，本益比也曾經愈喊愈高，資深投資人當年已經習慣於用高本益比追逐股價。但是當臺灣經濟已經確定由高成長轉為中度成長，投資地域觀已經由本土轉為國際的情況下，無論是「景氣行情」或「資金行情」都不容易再出現當年激情式的演出；再加上傳統產業已經進入成熟期，原本高成長的電子股，面臨的是產品生命週期過短與股本過速膨脹；金融業面臨的是直接金融興起一再壓縮原本的利基空間；證券業面臨的是成交量有限的粥少僧多局面；而一向有指標作用的外資，也讓台股的投資人開始懂得以國際比價的角度評估價值。所以才有如此的盛況！

　　這些現象都一再顯示：台股本益比會經常進入修正時期，投資人更需要隨之修正的是態度與觀念，才能在趨勢改變的環境下，正確掌握投資報酬。

　　基本上，台股本益比是適用在中長期投資，不過對波段的研判也有不錯效果，

妥善應用亦可取代部分不太實用的技術分析。

從選股技術面來說，短線做多，本益比要低於25倍。長線做多，則本益比要低於17倍。也就是說，17倍本益比應是大盤的長線買點。但長線賣點，應該在幾倍的水準？則並不一定。台股最高本益比的紀錄是1989年底的55.9倍，當時台灣股市是全球主要股市僅次於東京股市第二高本益比的股市。據說有一位外國的股市策略分析專家，在中正機場臨走前說：台股本益比太高了，將來會回到3000點。對比當時人氣熱呼呼的10000點，最後證明這位外國專家確有先見之明，隔一年的1990年台股指數真的跌到2485點，比那位外國專家預期的還更低！

事實上，1990年的暴跌，原因很多，包括「二月政爭」的總統大位競逐的不確定因素，都是造成股市重挫的緣由，並不是外國專家的臆測有多麼神準，他只是忠實地表達本益比的觀念罷了。

「二月政爭」是指台灣在1988年時任中華民國總統蔣經國逝世後的一連串國民黨黨內及政治圈的權力鬥爭。由於兩派的政治角力在1990年2月以後逐漸白熱化，因而得名。此次政爭也影響到後來執政黨國民黨的分裂及此後的台灣政治，尤其對股票的殺傷力更強！

1990年後，股市投資人心理漸趨理性，最高本益比已不再見到1989年的55.9倍驚人數字，從1991年的43倍，遞減到1994年的41倍，更在1998年指數攻到10256點，即使站上萬點也不過是39倍。當我們不再是高經濟成長的時代，台股最高本益比會變成在40倍以下，所以這樣評估下來，40倍是多頭股市的長線賣點。

使用技術分析的劃線方法，把兩點連成一線，就上升及下跌趨勢線，尋找壓力及支撐位置。例如在1997年6月的27．7倍及1997年4月的35.67倍，這兩處是波段滿足點的本益比高峰劃成一線，高於此線的股市本益比就該是大賣點。

所以1997年7月的本益比，最高來到39.3倍，是大波段的本益比壓力點。注意當當時本益比的高點時間，比起指數高點10256，提早近一個月，果然是敏感的頭部指標。

圖2-1　1997年和1998年的「頭部指標」。

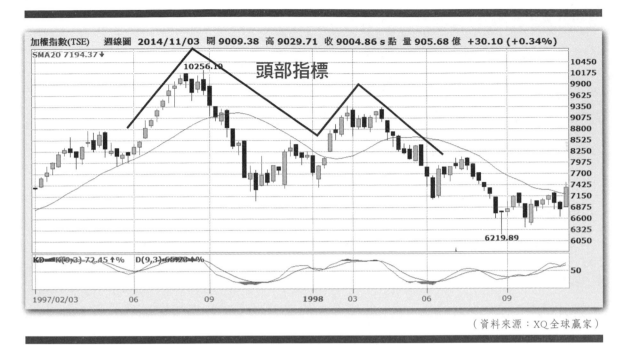

（資料來源：XQ全球贏家）

　　1999年自5422點以來，股市因景氣復甦而走多的機率很高，但到了4月底的30倍以上本益比，一時之間還不易被接受，除非上市公司以具體的盈餘成是數字來降低股市本益比，指數才有再走高的空間。因而指數處於波段整理的壓力。

　　如果從1998年2月的30.52倍，指數相對高點是1998年全年最高的9378點，及1998年11月的29.15倍，相對高點是選前高點的7488點，兩處本益比高點連成一線，形成波段本益比壓力線，則1999年4月底以後進入中期壓力區。

　　如果我們使用技術分析的劃線，不會劃出如此特別的壓力效果。因為技術分析並沒考慮到上市公司的盈餘狀況，1998年2月的9378點與11月的反彈高點7488點，相差了近2000點。可是，因為臺灣發生金融風暴，上市公司總盈餘於下半年急速減少，到了7488點雖然比2月高點少了2000點，可是本益比卻差不多。

　　對於本益比的問題，我們還是不要設限的好。

　　這也可以同時解釋「多頭見壓不是壓、空頭見底不是底」、「上漲不言頂，下

跌不言底」的道理。上市公司盈餘增加，才創造股市多頭，但以前指數的壓力未必是現在漲升的關卡，同樣的指數水準，現在股市本益比因上市公司獲利成長而降低了，所以股市還有上漲空間。

相反的，即使像1998年指數從9378點下跌了2000點，7488點所反映的股市本益比，並不比9378點來得低多少，因為上市公司盈餘衰退太嚴重了。既然本益比沒有降到合理的低點，指數就沒有參考性，我們常用的技術分析就會不管用了。

「美律」營收大躍進，躋身飆股行列

我們的投資策略，其實是可以用大盤本益比平均值的概念來決定。利用此一平均值的概念，再對照個股的本益比高低來決定投資策略。根據經驗，如果個股的本益比低於大盤本益比的一半，就是未來的潛力股，個股本益比高於大盤本益比的50%就是空方的標的。投資人常聽到一種似是而非的說法，某檔股票的股價創下三年、五年的新低價位，是機不可失的大買點，彷彿可以把身家性命都押注下去買。事實是如此嗎？先別衝動，不妨計算一下本益比再說。

如果這家公司的近幾年新低價，是由盈餘大衰退所造成，則低價是有道理的，不值得特別投注大筆資金去投資其股票。說不定盈餘大衰退之下，本益比還是不低，這是經過本益比思考的人應有的認識。所以，「長線大買點」並不是看歷史低價的來臨，而是看其本益比是否創下近幾年的新低。

技術分析有所謂黃金切割率。所謂「黃金切割率」，就是將1分割成0.618與0.382，再根據實際狀況演變其他計算方式，漲勢會在上漲幅度接近或到達0.382與0.618時發生變化，換句話說，上升接近或是超越38.2%與61.8%時就會有壓力，很可能會反轉向下。在股市的測量幅度，就可以用估計上檔壓力及下跌支撐點來推算。當然，我們還可以使用本益比，測知20倍以下是合理買點。同時，接下來在22、23倍有一定壓力，25倍會有更大壓力，然後是28倍、30倍以上進入警戒區域，多頭市場強勢個股通常會過關斬將到達40～50倍，不過有時也不十分確定。

用本益比的概念，也可以測出個股的底部。方法是：先行估計個股該年的預估每股盈餘，再決定底部的買點。

在多頭市場時，如果某檔個股當年預估每股盈餘為三元，則在20倍以下（適用多頭市場），底部大買點是20倍本益比，即在60元以下是底部的合理買進參考價位。而在23倍本益比，即69元；在25倍本益比，即75元；在28倍本益比，即84元；30倍本益比，即90元，是頭部的位置。

投資人在自己規劃的戰略中，買進60元以下的股票，在多頭市場進行波段操作，中途都不進出，直到90元出脫，獲利50％，這是一種操盤手法；也可以在69元、75元附近調節，賣出部分持股，遇有回檔再回捕，獲利比前一種抱牢股票都不賣會賺得更多。所以，這樣看來，本益比的操盤術最高指導原則應該是：

碰到本益比20～25倍以下的壓力點，可回補持股；但超過25倍的壓力點，賣出持股不回捕，以免突然反轉時套牢。即20倍以下全力逢低買進；23倍及25倍調節各三分之一持股，但有回檔則回補；28倍以上出脫一半；30倍以上完全出脫。這樣高出低進的操作方法，是很合理的股票買賣策略。

不過，近年的本益比概念，慢慢有改變了。本益比的高低標準，並不一定是絕對的標準，而是隨當時的加權指數和國際觀而有新的理解，基本上，不同的類型與不同特性的產業，市場所給予的本益比也不會一樣。所以，在技術分析的領域，和「同一類股的本益比」比較也很重要。

我們以「美律」（2439）為例，筆者在去年（2013年）即發現這是一檔大波段的飆股，因為從60多元起，操作時老是賣掉之後還漲，只好追高；但在更高價賣掉之後，還繼續漲。最後，到100多元時就「居安思危」，不敢再追了，不料，最後它竟跑到195元才休息！

「美律」所以漲個不停，雖然是受到法人的加持，但如今再看它的財務報表，果然本益比低於同業甚多（見表2-6）。從它去年的營收成長率（見表2-7），由負值直奔正值的46.4%。「美律」去年的股價確實有它狂飆的條件！

表2-6　美律的本益比和同業的比較。

股價評價(11/03)	
殖利率	3.33%
本益比	16.67
同業平均本益比	77.07
一年來最高本益比	43.23
一年來最低本益比	14.02

表2-7　美律財務比率表。

美律(2439)財務比率表(年表)(合併財報)							
	期別	2013	2012	2011	2010	2009	2008
獲利能力	營業毛利率	22.07	18.98	15.35	21.38	23.23	18.89
	營業利益率	11.62	5.64	2.99	9.60	9.65	7.06
	稅前淨利率	11.33	7.64	4.62	9.08	9.67	6.62
	稅後淨利率	9.16	6.22	3.82	7.38	7.85	6.46
	每股淨值(元)	30.330	27.090	27.470	27.950	28.250	27.750
	每股營業額(元)	63.890	46.370	49.660	51.590	42.510	55.260
	每股營業利益(元)	7.420	2.620	1.480	4.950	4.100	3.900
	每股稅前淨利(元)	7.250	3.540	2.290	4.680	4.110	3.640
	股東權益報酬率	21.00	10.80	6.82	13.50	11.86	12.57
	資產報酬率	12.40	6.47	4.08	8.26	7.31	7.91
	每股稅後淨利(元)	5.860	2.900	2.000	3.810	3.350	3.570
經營績效	營收成長率	46.40	-1.95	-3.74	21.37	-23.06	-1.36
	營業利益成長率	200.76	85.24	-70.06	20.79	5.12	-45.84
	稅前淨利成長率	116.92	62.21	-51.05	13.94	12.43	-45.96
	稅後淨利成長率	115.36	59.60	-50.21	14.20	-6.56	-36.90
	總資產成長率	29.46	-6.93	7.56	-4.73	6.97	-8.71
	淨值成長率	19.95	3.48	-1.80	-1.06	1.75	-3.60
	固定資產成長率	5.11	6.68	24.75	-8.38	-8.57	25.64

圖2-2　「美律」因營收躍進，受到法人追捧，股價也狂飆。

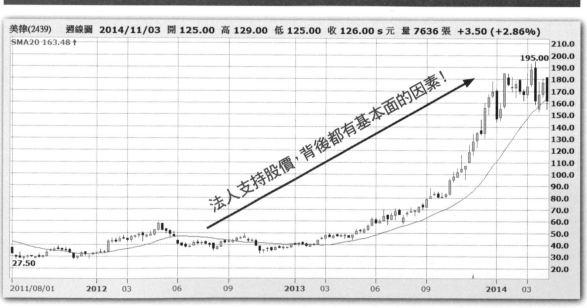

（資料來源：XQ全球贏家）

CHAPTER 3

飆股揭密二／籌碼

就像交朋友得了解其背景一樣，
外資、投信、自營商台股三大法人，
散戶得看懂他們的操盤方式與選股邏輯，
才能借力使力輕鬆獲利。

三大法人，
是台股籌碼主角

三大法人已成為股市最大的、合法的主力，不能不優先研究他們的操盤策略。

台股從1991年起，主力群的趨勢有了很大的變化。

首先是電子股逐漸展露頭角，類股族群增加快速，股價也一路攀升，同時它們的股本跟著不斷地擴充。到了1998年起，官方推出台股指數期貨，更成為外資的重要交易工具。

21世紀以來，傳統產業慢慢式微了，股價紛紛倒地不起，以前著墨於傳統產業的主力，也因此嚴重套牢，或者受傷出場。可以說，股市的主力就已經有移轉現象，從一開始的本土金主，轉變為投資電子股的新秀大咖。

取而代之的是一批新人，他們是挾著研究基本面精神、掌握最新國際訊息的三大法人：外資、投信、自營商。

近兩年來由於政府的開放政策，外資漸漸占了其中70％以上的影響力，可說是三者其中的龍頭老大。

他們的特點是注重產業基本面，擅長參觀工廠、研究財務報表，其投資策略是注重本益比，喜歡一窩蜂投資，而且資金來源充裕，使用的資金大部分是從一般投資人募集而來的‧這樣的新投資手法，的確讓臺灣股市呈現另外一種風貌。

請看表3-1及表3-2，這是以2014年11月4日為例，當天的成交量只有757.29億元的成交量，而上市櫃公司一天內的三大法人買賣超金額卻佔了如此大的比重，與從前個人主力時代真不可同日而語！

表3-1　上市公司一天的法人買賣超金額　　　　　　　　　　單位：億　製表：方天龍

法人類別	買進	賣出	買賣超
上市投信	13.10	10.14	2.96
上市外資	247.06	176.58	70.48
境內外僑	0.13	0.19	-0.07
境外外僑	3.59	5.49	-1.91
境內外資	0.01	0.01	0.00
境外外資	243.33	170.88	72.45
上市自營商	64.19	57.71	6.49
全部合計	324.35	244.43	79.93

表3-2　上櫃公司一天的法人買賣超金額　　　　　　　　　　單位：億　製表：方天龍

法人類別	買進	賣出	買賣超
上櫃投信	3.83	1.75	2.08
上櫃外資	20.37	15.24	5.13
上櫃自營商	10.60	9.69	0.92
全部合計	34.8	26.68	8.13

散戶邏輯VS.
法人邏輯

　　投資沒有什麼是對不對、好不好，只要在市場上能漲的、大家能認同會漲的就是好股票。所以，當三大法人主力的時代來臨時，我們就必須時時刻刻注意三大法人的動向。換句話說，我們計算籌碼一定要注重三大法人的進出狀況。

　　法人的投資，有以下的操作特性：

法人操盤特性一：風險再大，有公司扛。

　　萬一操作失利，相關人員不會被公開指責，也不是第一線挨批的對象。他們心想，反正投資的錢不是自己的，若有損失也比較坦然，他們的壓力只有主管老闆，而不是投資的大小股東。

　　所以，基金讓投資人賠錢，他們似乎沒有想像中那麼心疼。

　　某一年，台灣有一條新聞說，影星陳孝萱投資基金慘賠40%，買房子計畫可能成空；電視節目主持人張菲除了股票賠錢，海外基金和債券也賠掉百萬美金

（3,000萬台幣），這些損失如果是某某朋友幫他操盤的，準會被怪罪，甚至會名譽掃地。但是，買基金等於由法人機構代為操盤，其損失卻無對象可以埋怨，可見基金的操盤人風險再大，也有公司扛著。

法人操盤特性二：大手大腳，不好施展。

法人機構資金龐大，處理股票時往往無法靈活運用，決定買進時無法一天買完，持股賣出時也沒辦法在短期出脫。尤其當股價在高檔準備下跌時，明知危險了，也很難順利逃脫。因為資金的部位太大了，簡直就是該檔股票的主力，要把手中的股票由誰接手呢？除了沿路殺出持股之外，認賠也只好認賠了；否則就是任由手中股票套牢，這也是沒有辦法的事。

法人操盤特性三：懂得選股，不諳賣股。

法人機構的產業研究人員比例很高，素質也不錯。他們買進股票時，都經過「為什麼要買這檔股票？」的嚴格討論。因此，選股有一定的市場認同。很多投資人甚至都跟著前一天的「三大法人進出表」買股。市場上現在也有一批人是靠著研究這份簡單的資料，成為「成功贏家」。

但是，他們在賣出時，交易人員結構卻很鬆散，往往只集中在幾個人的手上，又無順勢觀念，所以，常常亂賣一通。根據筆者過去擔任記者的採訪經驗，投信公司的選股，有基金經理人負責，但是實際上買到什麼價位，並不是他們可以控制的，而是另有其他的員工在處理。這有點像報社的「權能區分」，主編有「權」（主權）處理稿件，記者有「能」（資格）採訪新聞。

仔細研究，可以發現法人機構的賣出能力不如買進能力。雖然他們會研究股票的基本面，可惜在賣出方面卻沒有一套標準，又由於證管會規定基金持股必須要保持在七成以上才行，所以，常常會有「賣出賠錢」不如「繼續持有」的心態。而這種繼續持有，其實是「繼續套牢」而已。當然，並非所有的法人都是如此。

法人操盤特性四：只重淨值，不重成本。

法人機構一般只有淨值觀念，沒有成本觀念。他們是這樣想的，反正只要行情再來時，資金自然也會跟著湧進來，到時股票淨值又會增加，所以一點也不擔心。

基金經理人圈有所謂的「三分之一」生態。什麼叫做「三分之一生態」呢？就是年終結算時，操盤人會被公開評比，凡是成績排名在前面三分之一的操盤人將有紅利可拿，中間三分之一的操盤人只能領薪水。至於後面三分之一的操盤人，就有很悲慘的結局了：立刻自動離開！這樣的「待遇」安排，教會了操盤人只有重淨值，而不管成本如何。他們的想法是：只要在四季末了，贏對手就行，這就是為什麼在年度終了時，都會注意自己和其他同事的持股淨值。搞清楚後，就不計成本的大拉自己負責的股票，同時大砍對手股票，這樣才會在論功行賞時出人頭地！

這種做法有什麼流弊呢？當然最慘的是小股東。

法人利益擺第一，哪管得了投資大眾的血汗錢是不是被消耗掉了！於是常常會發現，一旦所謂的「作帳行情」結束，股價又開始回跌了。這個時候，「作帳」行情就會變成「結帳」行情了(見圖3-1與圖3-2)。

法人操盤特性五：喜歡預測，停損太慢。

法人機構沒有順勢觀念，卻挺喜歡預測走勢，有時停損太慢，股票下來仍會加碼買進，直到大勢已去時，還會停損持股。其中外資就是外國的投信，其手法與台灣的投信並無兩樣。三大法人之中，較為有趣的是自營商，因為自營商的資金多半是證券商自己的，純以營利為目的，而各家的自營商操盤手背景不同，責任也不同，甚至許多是幕後老闆自操刀。往往也會有過去主力的色彩，喜歡與他人掛鉤炒股票，或者替自家相關企業護盤。所以，自營商只算是大戶而已，沾上法人的邊，卻無法人的特質。

利用三大法人進出明細表時，要先注意到他們的操盤特性，然後就可以利用它們的優點，避開他們的缺點。

圖3-1 「鴻海」（2317）在作帳行情結束後，股價就大跌了。

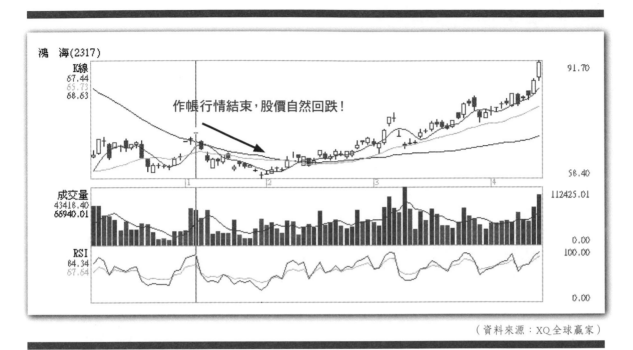

作帳行情結束，股價自然回跌！

（資料來源：XQ全球贏家）

圖3-2 「味全」（1201）在作帳行情結束後，股價就一直跌跌不休。

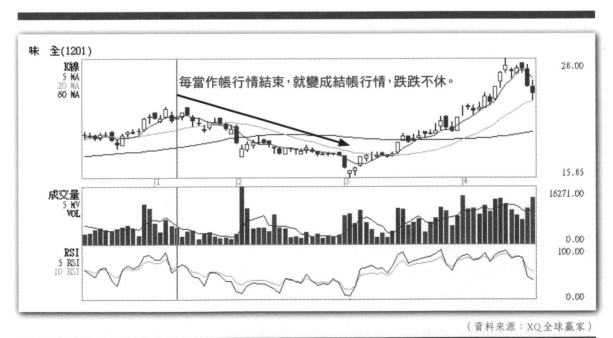

每當作帳行情結束，就變成結帳行情，跌跌不休。

（資料來源：XQ全球贏家）

6件事做對，
搭上法人順風車

　　法人儘管佔盡優勢，但在操作過程中往往需要浪費虛耗的「子彈」，股價才會往上攻堅。據筆者長年觀察，要免費搭法人轎，一點都不難。以下有幾個秘訣：

搭法人順風車方法一：跟進新買股，不跟舊股。

　　投信、外資買賣超參考價值很大。他們買的股票多有趨勢因素和基本面理由。我建議的做法是，注意他們剛剛買超的前二十名個股，不要選擇已經買了好幾天的個股，而要選擇剛剛大買的股票。因為他們買好幾天的，股價多半已大漲一段了。

搭法人順風車方法二：同類買超股，翌日主流。

　　如果你仔細注意三大法人的買超中，有多檔前幾名的股票都是同一類股時，往往就是隔天的主流股。例如你看到前十名買超個股有中石化、國喬、華夏，那次日就是塑膠股天下；若是豐興、聚亨、東鋼，那隔一天就是鋼鐵股擔綱成為主流了。

搭法人順風車方法三：選小不選大，容易漲停。

在投信買超中，儘可能選擇小型股。小型股本來是很危險的，但因為有投信這個「長人」頂著，所以天不會掉下來；由於輕薄短小，行動輕快只要投信有心要拉，當天就可以拉上漲停板。不過，投信也知道你會來這套，所以他們在第二天有時就會乾脆一口氣拉到漲停板，速度快得讓你沒機會買。他們的資金龐大，拉不拉，只在一念之間。舉個例子來說，某一天，投信的買超排行榜中有「立隆電」（代碼：2472）這一檔股票。它是小型股，流通股本只有14.7億元；又是投信新買的股票，過去很少出現在排行榜名單中。這就是很好的跟進標的！

可是，投信知道很多長於計算籌碼的高手都會跟著搭轎，結果呢？投信為了不讓人搭轎，來狠的了！第二天一開盤，立隆電的開盤價才13.1元，可是投信卻在2分鐘內把股價拉到漲停板！頂多幾百張就搞定了！投信是不是很厲害？不讓你跟，就是不讓你跟！以下就是立隆電當天的走勢圖，不仔細看，還真像跳空漲停呢！

圖3-3　立隆電這天的走勢，有點像跳空漲停。

立隆電(2472)　分時　K線　查股號　Go

立隆電(2472)分時走勢圖 ▼	(9588)	買進	賣出	(0)
	9553	13.80	--	0
	1	13.75	--	0
	3	13.70	--	0
	20	13.60	--	0
	11	13.55	--	0

內0.5%　　外99.5%

時間	買進	賣出	成交	單量
13:06:44	13.80	--	13.80	10
13:08:24	13.80	--	13.80	1
13:17:09	13.80	--	13.80	10
13:24:14	13.80	--	13.80	2
13:30:11	13.80	--	13.80	9

成交 13.80　漲跌 ▲0.90　漲幅 +6.98%　均價 13.71
單量 9　總量 2098　昨量 8617
開盤 13.10　最高 13.80　最低 13.10　昨收 12.90

不過，他們也不是每一檔股票都這麼緊張。相反的，他們習慣與散戶鬥智，明知你會跟，他們通常喜歡開高，然後殺低（往往你一買就當場被套了），當你受不了、黯然認賠出場之後，又會出其不意地再把股票拉漲停板，讓你吐血而死！

根據經驗，投信這種「調戲」你的時間，有時是一天，有時是兩天，有時是三天，但大致上這檔股票「假死」不會超過八天。所以，如果強勢股讓你被套了，千萬不要殺低認賠，等個七、八天看看吧！你會有驚喜的！

搭法人順風車方法四：推動大型股，外資夠力。

在外資買超的個股中，倒可以跟進買大型績優股。以前筆者不信邪，偏偏不買其大量買超的中鋼，沒想到有一次他們真的就把股價一口氣拉十多元。可見外資連續買超威力！只要是有成長性的好股，絕不要小看了外資的力道！

搭法人順風車方法五：自營商動態，看看即可。

自營商的買賣超，不必太注意。他們的作風不過是個「大咖」而已，沒有特別認養個股的計畫，僅是「插插花」，吃吃其他兩大法人的豆腐而已。他們今天買，明天就賣，主要在做證券「成交量」的業績。身為小散戶的我們，不必太重視他們的買賣超資料。

搭法人順風車方法六：觀察強勢股，伺機而動。

投信、外資已經買很多天的股票，不是不能跟，而是不能追高。最好開盤之後稍安勿躁，在盤中選低點再買。因為他們的習性是先賣後買。所以有時你會發現，為什麼昨天投信才買超第一名的股票，一開高，股價就下來了；而你因為接得太早，所以被套住了。當你失望已極或賣掉之後，尾盤（或幾天後）卻又拉上來了！所以，別急著出手。

在這六點裡，最要緊的是，不可注意那些法人已大量買超的個股，而要特別注

意那些才正要飆升的股票。

因為凡是他們已經買超許久、尾大不掉的個股，有可能還得自己撐盤，未必適合跟進。

當大盤不好時，他們也可能低價小賺就賣，因為他們的成本絕對比你更低。

他們可以小賺就賣，而你可以還不到本錢，所以不敢賣。

雖然說跟進投信要跟新買的股，而不要跟老的股。但是，投信如今越來越精明了，他們已學會經常換新股，讓你跟得暈頭轉向。

也就是說，他們越做越短了。

所以你也要以短線的心態因應。跟進、跟出的腳步要快才行！

這裡舉一個例子來說明，以下是某一天的「投信買超排行榜」。第一名是「一詮」（代碼：2486）。

圖3-4 投信某一天躍居買超排行榜的第一名。

投信買賣超排行
投信近1日買賣超排行(單位:張)

名次	代碼	股名	買量	賣量	買賣超
1	2486	一詮	5198	-	5198
2	1605	華新	5000	-	5000
3	2458	義隆	4086	-	4086
4	2002	中鋼	4087	15	4072
5	2499	東貝	3711	450	3261
6	2801	彰銀	3100	8	3092
7	9945	潤泰新	3781	698	3083
8	3035	智原	2805	-	2805
9	6176	瑞儀	2208	-	2208
10	6153	嘉聯益	2166	-	2166

圖片來源：作者 方天龍

投信買超第一名的「一詮」，就是投信新買的股票，因為從過去的資料中，即可看得出來：

圖3-5　「一詮」在過去並沒有法人太大筆的投資。

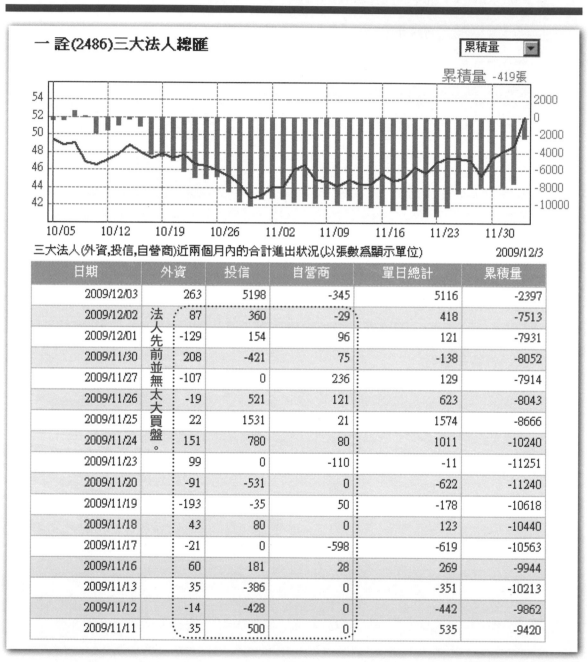

三大法人(外資,投信,自營商)近兩個月內的合計進出狀況(以張數為顯示單位)　　2009/12/3

日期	外資	投信	自營商	單日總計	累積量
2009/12/03	263	5198	-345	5116	-2397
2009/12/02	87	360	-29	418	-7513
2009/12/01	-129	154	96	121	-7931
2009/11/30	208	-421	75	-138	-8052
2009/11/27	-107	0	236	129	-7914
2009/11/26	-19	521	121	623	-8043
2009/11/25	22	1531	21	1574	-8666
2009/11/24	151	780	80	1011	-10240
2009/11/23	99	0	-110	-11	-11251
2009/11/20	-91	-531	0	-622	-11240
2009/11/19	-193	-35	50	-178	-10618
2009/11/18	43	80	0	123	-10440
2009/11/17	-21	0	-598	-619	-10563
2009/11/16	60	181	28	269	-9944
2009/11/13	35	-386	0	-351	-10213
2009/11/12	-14	-428	0	-442	-9862
2009/11/11	35	500	0	535	-9420

法人先前並無太大買盤。

圖片來源：作者　方天龍

從圖3-5可以看出，「一詮」在過去並沒有法人太大筆的投資。但是，這一天卻蒙投信拉拔張數多達5,198張！從這樣的邏輯可以推知，投信所以如此重壓這檔股票背後必有其原因，所以「一詮」就可以跟進。不僅可以跟進，還必須快速跟進，因為它的股本不大，跟進得慢，有時甚至買不到。來看看當天的股價走勢：

圖3-6　投信拉股票，有時就是這麼快。

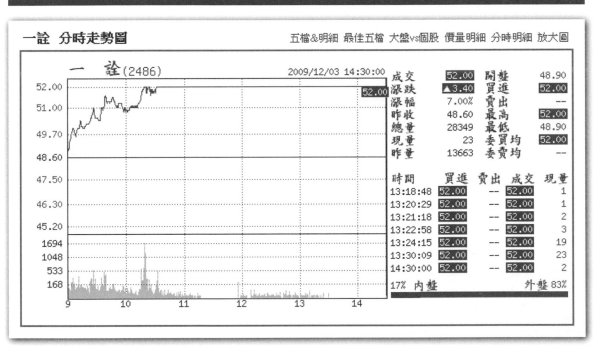

圖片來源：作者　方天龍

為什麼有當天的走勢圖呢？因為筆者是當天就捉到這一檔潛力股！盤後才知道買進股票是與投信同步！所以當然穩賺。投資人如果看到投信買超第一名的資訊，第二天再跟進的話，也可以賺錢，但手腳要快。根據事後的推估，你隔一天開盤就市價敲進，可以買到第一筆開盤價53元，最低價則是52.5元，距離三天後的高點56元，已沒多遠，所以一定要小賺就跑！根據筆者長期的觀察，投信的買賣超公布之後，看的人極多，所以跟進的人也多，難怪投信必須「速戰速決」才能甩轎。如果是在大盤行情極差的情況下，投信就不會輕易拉抬了，有時還會先賣一點。

買新股、棄老股，
1個跟進籌碼的大秘招

　　至於為什麼說「老股可不必急於跟進」？其實外資也是如此，連41天買超的股票，次日也不一定表現得很好。試看以下的例子：

圖3-7　這是某天外資的買超排行榜。

外資持股增減排行
外資近1日持股增加排行

名次	代碼	股名	12/1持張	12/2持張	增減	增減幅(%)
1	2409	友達	3606338	3632780	26442	0.73
2	2890	永豐金	2415558	2432727	17169	0.71
3	2887	台新金	2390907	2405040	14133	0.59
4	2618	長榮航	639662	651043	11381	1.78
5	2891	中信金	4386143	4397509	11366	0.26
6	3474	華亞科	1639152	1649454	10302	0.63
7	2303	聯電	5770149	5780083	9934	0.17
8	2885	元大金	3570554	3579393	8839	0.25
9	5346	力晶	787317	795508	8191	1.04
10	2475	華映	1266735	1274868	8133	0.64

圖片來源：作者　方天龍

從圖3-7，我們可以看到外資買超的排行榜中，第一名是「友達」，但它已是法人當時買很久的「老股」。請看圖3-8，當時每天的買超幾乎都很大量。

圖3-8　投信、外資對友達的買超都非常大量。

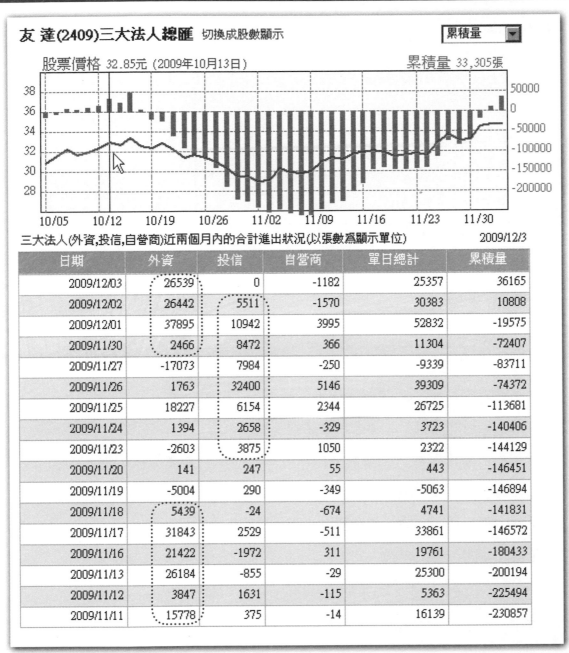

日期	外資	投信	自營商	單日總計	累積量
2009/12/03	26539	0	-1182	25357	36165
2009/12/02	26442	5511	-1570	30383	10808
2009/12/01	37895	10942	3995	52832	-19575
2009/11/30	2466	8472	366	11304	-72407
2009/11/27	-17073	7984	-250	-9339	-83711
2009/11/26	1763	32400	5146	39309	-74372
2009/11/25	18227	6154	2344	26725	-113681
2009/11/24	1394	2658	-329	3723	-140406
2009/11/23	-2603	3875	1050	2322	-144129
2009/11/20	141	247	55	443	-146451
2009/11/19	-5004	290	-349	-5063	-146894
2009/11/18	5439	-24	-674	4741	-141831
2009/11/17	31843	2529	-511	33861	-146572
2009/11/16	21422	-1972	311	19761	-180433
2009/11/13	26184	-855	-29	25300	-200194
2009/11/12	3847	1631	-115	5363	-225494
2009/11/11	15778	375	-14	16139	-230857

圖片來源：作者　方天龍

從表上，可以看出法人已連續買超很久了。

試看其次日的走勢：

圖3-9　友達的分時走勢圖。

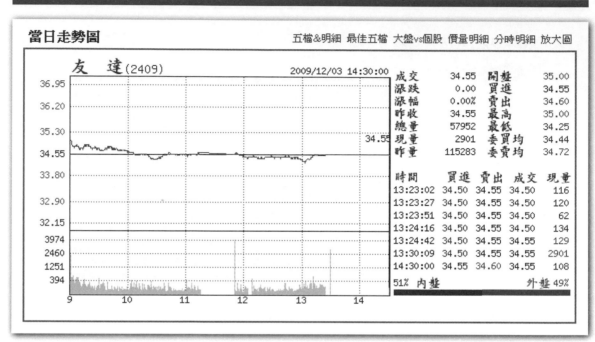

我們看圖3-9，當天「友達」的走勢是不是不怎麼好？

這還不是最好的例子，筆者曾經發現某幾次買超第一名的個股，連續觀察一星期都無起色，後來還隨大盤下跌而大砍其股。所以，如果隨便跟進，恐怕會吃不消，因為他們的持股買價比你低得多啊！

所以，這要長期觀察，才會摸出訣竅、預測得很準。但是，研究三大法人的心思所花費的時間，是值得投入的！

宜小資、宜散戶，
8個跟籌碼的務實知識

上班族可能無法經常看盤，就要懂得運用各種資訊，分析籌碼動向。

什麼是股票的籌碼呢？其實籌碼面就是代表市場流通的股票數，因此分析籌碼面就是在掌握股票的流向。當股票流向大戶時，股價後市看漲；相反的，當股票流向散戶時，股價的後市自然看跌。此外，個股股價處於低價區，卻有特定買盤出現進行吸納籌碼的動作時，後市上漲的機會頗高，但當個股股價處於高檔，卻有特定籌碼分批賣出，投資人就最好逢高賣出。投資人要取得籌碼面最新訊息，可以從股市專業媒體或市場消息取得，其中以外資進出表及融資融券金額最具籌碼參考價值，投資人只有不斷掌握籌碼相關訊息，才能成為股市大贏家。現在分析如下：

跟蹤籌碼實務知識一：外資持股較久，籌碼較為安定。

近年來外資投資台股比重逐漸增加，外資買賣股票標的及金額，每天都會公佈，外資也會發佈各種研究報告給客戶及媒體，資訊較為公開，且研判的眼光較偽

寬廣及深遠。當外資持續大量買進特定股時，一般投資人也可隨勢跟進，一旦外資連續大量賣出，投資人就要考慮減碼，以降低投資風險。但當政治變化足以影響到經濟面時，就不能全然依外資進出做研判依據。

跟蹤籌碼實務知識二：融資融券餘額，籌碼流動指標。

融資、融券餘額一向被視為散戶指標，融資餘額愈高，代表籌碼流入散戶手中的比重提高，籌碼不具安定性，股價有下跌壓力，當融資餘額創下天量時，往往就造成股市行情大跌，而使得散戶損失慘重。通常在融資餘額大增，但主力庫存卻一路減少時，代表籌碼已落入散戶手中，此時就應該減碼，但如果融資餘額大減，而主力庫存卻增加，代表籌碼落入大戶手中，這時就應該考慮承接。

目前股市每日融資增減額度在20~30億元間，尚屬正常範圍，但若當日驟增、驟減80億元以上，則顯示行情要反轉了。由當日委買、委賣張數多少，也可看出籌碼進出的動態，委買、委賣張數差距在20～30萬張間都是正常狀況，但是若高於50萬張以上，那麼行情將出現反轉異狀。而個股每筆委買、委賣、平均張數若居5～7張間，也是正常狀況，但若委買張數多出8張以上，那麼股價就會上揚，若委賣張數大於10張以上，股價就會下挫。

總之，投資人在分析融資融券餘額資料時，也可由資料中觀察當日沖銷的明細，納入研判價量關係及短線客進出標的參考。

另外，融券總額激增，代表散戶看空氣氛濃厚，走勢反而可能有反轉的機會，因為主力可能會上演軋空行情，修理放空的投資人。

跟蹤籌碼實務知識三：主力庫存增減，個股蘊藏玄機。

過去市場主力一度在台灣股市呼風喚雨，投資人也四處打聽主力進出消息，但從1994年以來，股市資金明顯集中在電子股，傳統產業股相繼淪偽水餃股、雞蛋股，加上股市發生多次股災，主力操作失利，相繼退出股市，目前市場主力影響力

已日漸式微。但由每支個股受託買賣張數的前30家券商資訊中，仍可分析主力大戶進出的券商及個股大單買賣狀況，掌握主力操作動態。當主力庫存張數增加愈多，代表大戶持股愈多，若是這檔股票尚未上漲，股價後市看好，但當主力庫存持續減少，即使股價尚未下跌，投資人也要提高警覺了。

跟蹤籌碼實務知識四：董監持股比率，影響股價走勢。

董監事持股比愈高，代表董監事看好公司前景，但當董監事陸續申報持股轉讓，代表董監事看淡公司營運，或有財務壓力，一旦釋出持股，將不利股價走勢。

由於董監事持股比率不易隨時取得，投資人除了必須由股市觀測站，密切注意大股東及董監事申報轉讓股票資料外，還必須配合主力庫存加以追蹤。

董監事持股多寡很難掌握，因為每年上市、上櫃公司舉行股東常會時，董監事若是持股不足，通常會徵求委託書，所以實際的持股數較難算得精確。如果股東常會準時開會，且出席股數比率超過80％以上時，往往代表董監事持股比率高；相反的，股東常會出席股數僅略高於50％，且大股東有徵求委託書行為，代表該公司董監事持股比率較低。

跟蹤籌碼實務知識五：投信持股明細，算是落後指標。

投信近年來進出股市相當頻繁，對股市及個股股價的影響力也愈來愈大，不過證期會每月才公佈一次投信持股明細，屬於落後資訊，因此消息靈通的投資人只能從市場上得知，某家投信認養哪些股票，做為進出依據。

跟蹤籌碼實務知識六：自營商跑短線，不具研究價值。

證交所及櫃檯買賣中心每天都有公佈自營商買賣金額資料，每個月並公佈整體持股比率。由於自營商有績效壓力，大多採取短線進出，一般投資人通常不適合跟進跟出，因此自營商買賣資料的參考價值比較低。

跟蹤籌碼實務知識七：官方基金救市，僅作行情參考。

從前台灣股市有所謂四大基金及國安基金等等，動用數千億元資金買進股票，是為了「救市」護盤，現今似乎比較少出現「非理性因素」的暴跌或崩盤了。這些基金的安置，雖有利於台股籌碼的安定性，不過政府基金投資的個股，大都以金融股及績優股為主，尤其在行情持續看俏時，政府基金就會先行出脫，因此這些基金進出的動態，恐怕只能做為研判行情的指標，不必完全依其進出做依歸。

跟蹤籌碼實務知識八：巨額轉帳變化，偶見主力影子。

投資人經常可以在報紙的證券版上看到「鉅額轉帳交易表」，該表報導：某支股票在甲號子內，以某種價格自行轉帳若干張；或是某支股票從甲號子轉帳到乙號子，並且明列轉帳的單位與張數。

這種鉅額轉帳，其背後究竟隱藏了什麼含義與玄機呢？對投資大眾來說，到底是利多還是利空呢？

當個股盤中突然出現一筆或連續多筆巨額交易，通常是大股東或大戶在進行巨額轉帳。依據經驗，一段長期跌勢後所伴隨的巨額轉帳，通常會出現一波上漲行情，投資人可考慮搭轎，但若是該公司基本面平平、營運缺乏爆發力，僅適合短打。

首先，投資人要注意下列幾點：

1、是在同一家號子內自行轉帳，還是轉到不同的號子？

2、這筆股票的帳是轉給誰呢？有多少張？

3、轉帳的價位，是以市價、高於市價或低於市價呢？

4、公司董監事為了作帳或節稅而轉帳，還是為了哄抬股價，或打壓行情？

5、大戶私下與該公司大股東談妥後，大量轉帳買進嗎？

6、甲、乙大戶想要聯手炒作，故由甲大戶用轉帳把部分籌碼轉給乙大戶。

7、董監事看淡產業景氣，所以售出股票？

這些可能性，都會影響股價的走勢，必須徹底研究清楚才行。

4

飆股揭密三／
題材

不管是減資、購併、借殼或聯姻，
企業說是改善「體質」，
終其目的無非在改善「股價」。
此時飆股常會應時出現，
但請注意，
題材出現有時是向上飆，
也有可能是向下飆。

減資／
砍掉資本額，流通籌碼就減少了！

有一個行銷的故事這樣說：

爹跟兒子說：我要給你找個媳婦。

兒子說：可是，我比較想要自己找！

爹說：但這個女孩子是比爾蓋茲的女兒！

兒子說：要是這樣，那太好了。

然後，他爹找到比爾蓋茲，告訴他說：我給你女兒找了一個好老公。

比爾蓋茲說：不行，我女兒還小！

爹說：可是，這個小伙子是世界銀行副總裁啊！

比爾蓋茲說：哦，這樣啊，那太好了！

最後，爹找到了世界銀行總裁，說：我給你推薦一個副總裁！

總裁說：可是，我這裡已經有太多的副總裁了，沒有必要的！

爹說：可是，這個小伙子是比爾蓋茲的女婿啊！

總裁說：哦，這樣啊，那太好了！

——生意就是這樣做成的。

　　這個故事用在瘦身(減資)、增胖（購併）的公司來說，是恰到好處的。因為大部分想要減資（瘦身）的公司、想要購併（增肥）的公司，不論如何設計、如何重新組合，無非想把股票的「體質」改善，而終其目的，無非想要改善「股價」！

話說減資

　　長年以來，人們創造出各種各樣選股方法，其中的價值投資理論是美國華爾街股市最傳統的投資方法，近幾年來也被台灣投資者所認同。價值投資的基本思路，是通過基本面分析，再運用本益比等等一些基本指標，來發現價值被低估的個股。

　　該理論強調，聰明的投資者總是以低於公司本身內在價值的價格來購買股票。當代投資大師巴菲特後來成為世界上「價值投資」最成功的實踐者，他個人投資46年中的年均複利率是23.5％，創造了個人財富從100美元到360億美元的奇蹟。此事為人們所津津樂道，且成為想從股市發財者的榜樣。但是，你可知道，在台灣除了價值投資的概念，還有許多股市的賺錢之道，是必須了解台灣的企業生態，才有辦法知道價值是否被低估？

　　當一家上市（上櫃）公司減少了資本額，使流通在外的股數減少時，它的股價即可能起死回生。這也是籌碼戰的一種效果。

　　例如，有某一家公司由資本額為25億元，因虧損嚴重，決定減資23.8億元，則減資後資本額為1.2億元，減少比例為95.2％，原每千股將減少952股，減資後，每千股只能換發48股。

　　過去，受到景氣低迷的影響很多公司營運陷入困境，於是公司開始想辦法重新整頓。其中有一種常見的策略，就是「減資」，有人把它比喻成公司要「瘦身」。

　　事實上，這些公司減資是為了彌補累積虧損，因為已經營不善、連年虧損，為

使財務報表較好看一點，有時就引進新股東，如果沒有資本公積及法定公積可以彌補虧損，就必須以股本減資的方式來彌補累積虧損的情形。不過，有些公司的現象並不十分相同。例如在晶華酒店（代碼：2707）、台灣大哥大（代碼：3045）等案例中，卻是透過減資方式把股款退還給股東，這些企業並不是經營不善，也不是累積虧損，而是把公司多餘的現金用減資的方式退還給股東。

減資題材範例：肥了股價的晶華、台灣大

當公司在高度成長期追求積極擴充時，若透過現金增資、發行可轉債籌資，再加上每年盈餘轉增資或發行新股併購等，將會導致股本不斷膨脹，股本太膨脹就會變成「大牛」了。於是在這時，有些公司就開始作了檢討，是否應該減資呢？他們考量的重點應該是：如何提高股東權益報酬率（ROE）」？這也是股東高興的事。

公司施行減資，會有什麼好處呢？根據2007年的K線圖來看，晶華酒店、台灣大哥大的股價表現，都曾經因減資而使得股價飆高。既然如此，對於雖非股東，卻是作「波段投資」的我們股友來說，就是必須選修的一項課題了。

現在，我們以晶華董事會決議減資時股價為例，來看看減資時對股價之影響。

公司收盤價80.9元（以晶華董事會決議減資時股價為例），卻每股只退回7.2元，不就虧大了，其實減資基準日時，股價會依公式調整，就像除權息股價會依公式調低，減資會按減資比例調高，以晶華為例，減資72%後，股價將超過260元。

·減資後股價

＝（減資前一日之收盤價－每股減資退回股款）÷（減資後之實收資本／減資前之實收資本）

＝（80.9－7.2）÷（600,000,000／2,156,250,000）≒265

退還股款不需課稅，對於適用高稅率之股東而言，更是比發現金股利有利。

·股東權益之報酬率

＝稅後淨利／平均股東權益。

如何提高股東報酬率以回饋股東，是企業經營者隨時應該努力的方向。

‧股東權益報酬率可以細分為

＝(稅後淨利/營業收入)　×(營業收入／總資產)　×(總資產／股東權益)
　　＝純益率×資產週轉率×資產權益率

由此看來，減資後對股東報酬率確有提高的效用。

圖4-1　晶華減資成功，股價飆高。

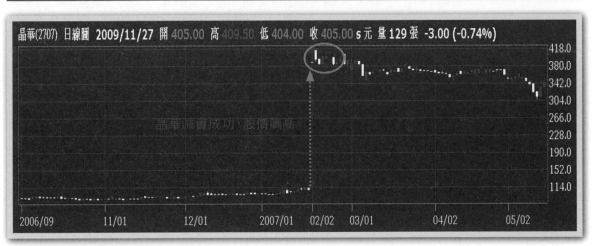

圖片來源：作者　方天龍

圖4-2　台灣大哥大減資之後，股價也飆高。

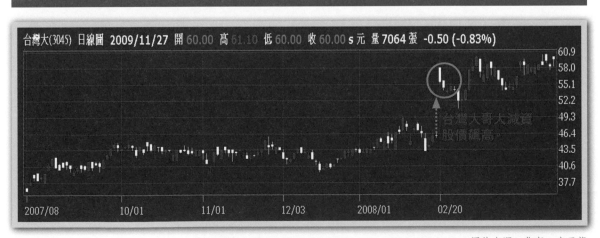

圖片來源：作者　方天龍

減資題材範例：股價未見好轉的聯電

　　同樣在2007年減資的聯電，際遇卻不同。聯電在2007年6月11日的股東會通過每股減資3元，約為新台幣574億，創下台股減資金額紀錄，隔一天外資大買1.5萬張。在減資前最後一個交易日（9月19日），量能明顯放大，成交量擴增到25萬張，躍居台股之冠。終場上揚0.45元，收在19.2元。但次一個交易日，開盤即是最高價24.7元，收盤則為23.45元，一直到2009年12月10日，股價竟然只剩15.9元。

　　減資那年，聯電在第三季法說會中預期，因通訊、電腦等客戶第四季需求降溫，第四季晶圓出貨量將較第三季減9%，產品平均銷售價格將下滑1%，此一預估低於市場預期，也讓聯電減資後股價表現不振。那年國慶日前夕台股增添政治變數，外資法人儘管嘴裡喊多，但其實已趁機出貨。所以，投資人對於減資題材的實質內容仍需注意買賣的時間點，才不會「偷雞不著蝕把米」。因此，對於減資的股票來說，作多的公司派應該可以從三方面著手努力提高股東報酬率：

　　一、提高純益率：包括不斷提高營收，檢討及汰弱留強不同產品線以提高毛利率，節省成本等等以提高純益率。尤其在科技產業不斷追求營收高成長的同時，也要隨時檢視過低毛利之產品及訂單有沒有必要繼續下去。

　　二、提高資產週轉率：以營業用資產創造更高營收，並將閒置資產處分或更有效運用以產生收入，尤其當許多企業基於國際化佈局將生產基地不斷外移大陸、越南等地時，原有的土地、廠房等應該怎麼再利用就顯得非常重要了。另外許多過去多角化投資，除本業核心投資者外，亦應隨時檢討是否應該適時處分。

　　三、提高總資產權益率：公司於股價低時買回庫藏股並註銷之或適時減資退還股東，可以使股本適時減肥，直接提高股東權益報酬率。

　　企業評估是否該減資應思考如何提高股東權益報酬率，並不是一廂情願的。企業應先透過提高純益率及資產週轉率達成，如果有下列情形時，則應審慎評估是否該減資：包括企業計畫推展不如預期與帳上多餘現金過多的公司。

　　所以，綜合說起來，上市櫃公司往往希望保留很多現金可供擴充、併購等，當

然有錢好辦事，尤其在目前籌資不易的時候。

　　由此看來，減資並非股價上漲的萬靈丹，但是，如果了解內情或股票當時的位置，常常可以「投機一下」，因為這裡頭偶而也常會發現一些飆股。

圖4-3　聯電大減資，股價短期內一度飆高。

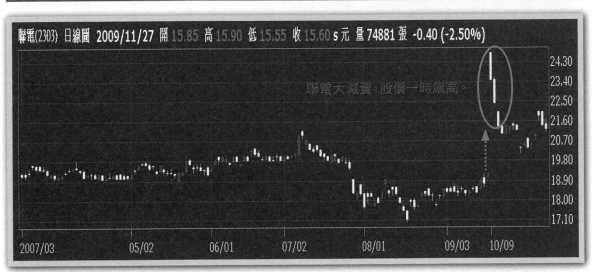

圖片來源：作者　方天龍

圖4-4　聯電由於營收不好，減資後的飆漲並未維持多久，隨即股價不振了。

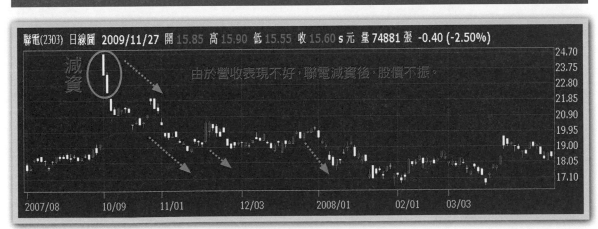

圖片來源：作者　方天龍

減資題材範例：燦坤減資，連飆四支漲停板

減資的題材，過去曾經熱過一陣子。

其中最受到注目的像是燦坤（代碼：2430）分割減資恢復上市交易以來，連續四天飆漲達28%。

燦坤因為辦理分割減資，實收股本由32.09億元大幅縮減為12.83億元，將家電部門及旅遊長期股權投資分割讓與新設燦星網通公司，燦星網通並且將推動在6到8個月申請證交所簡易上市作業。

燦坤重新恢復掛牌後參考價26.8元與減資前最後交易日（2009年10月16日）價位相同，自同年10月23日恢復交易以來，股價已連續四天飆漲停，累計漲幅達30.6%，週四股價收高35元，為9月中旬以來新高價。

圖4-5　燦坤因減資成功，股價連續飆高。

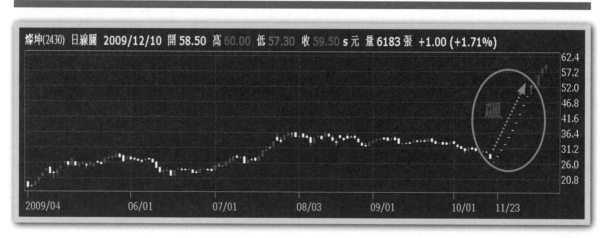

圖片來源：作者　方天龍

購併／
企業策略工具，也是成長捷徑

幾位股民在交換一罐沙丁魚罐頭，每次交易，其中一方都以更高的價錢，從另一方手中買進這罐沙丁魚罐頭。就這樣不斷的把錢往上疊高的交易下來，大家都賺到了不少錢。後來，有一天，其中一位終於決定打開這罐沙丁魚罐頭看看，了解一下為什麼這麼一罐沙丁魚罐頭要賣這麼高的價錢。結果他發現，原來這是一罐已經變質的、發臭的沙丁魚罐頭。於是，他指責賣罐頭給他的人賣假貨，對方卻回答說：「誰要你打開的？這東西是用來交易的，不是用來吃的！」

這是一個華爾街流傳的故事，這故事充分說明了股票的本質：股票是用來交易的、用來投機的。除此無他。

「企業購併」風潮有時像是傳染病一樣地擴散到全球各個角落，以酒類馳名的加拿大酒商集團Seagram以106億美金併購在亞洲著名的寶麗金國際唱片公司，就是

最好的例子。大抵來說，購併是企業多角化經營的一項策略工具。運用購併不僅可以節省時效，爭取市場上稍縱即逝的商機，又可以利用現有的行銷通路、原料和生產設備等，迅速地進入市場或另一個事業的領域；當然，企業也可以藉由購併來提昇企業的效率、市場占有率，並且擴大企業王國。

但是，從很多的例子及統計顯示，在美國完成的購併案中，大約有30%至50%是失敗的，而在歐洲的購併個案裡，成功的機率也不到50%。至於在台灣，雖然還沒有比較明確的統計數字，但經常也可看到有關購併失利或是經營困難的報導。

既然如此，為什麼「購併」的風氣始終未衰？有的是為了購併後的規模，可以變得更大，市佔率就提高了。大部份企業藉由擴大企業規模，企圖享受規模經濟所帶來的優點，以增進其競爭能力。而部份公司盈餘狀況雖不理想，如能與營運狀況良好的公司合併即能提昇績效。某些虧損的企業如能與其他具盈餘的企業合併，可實現節稅效益，替盈餘公司節稅。

當一家公司已處於成熟期，產生大量穩定資金，但由於已屆成熟期，並無特殊獲利的投資機會，而分配現金股利可能使投資人負擔過高的所得稅，法令也限制購回庫藏股票。這時，該公司可以利用現金購併其他的公司，使資金重新應用，好爭取更大的利潤。部份中小企業可能只生產單一產品，且缺乏工程技術進行量產，或缺乏銷售組織行銷該產品，如果這些中小企業能與其他大企業合併，則將比自行開發技術、自我行銷的效果為佳。因此，企業間若具有互補性資源，將會使得合併後的價值比合併前的價值來得高。有些購併案例可降低合併公司財務風險及破產機會，同時有助於獲得較低成本之融資資金。

對於有些野心勃勃的公司經理人來說，購併是最快的成長捷徑，除了可以省去新創業所花費的時間和創業初期要承擔的虧損外，還能快速取得生產設備及原廠牌之市場，在短時間內能有效率地擴大公司的規模。　這樣的公司購併動機來說，企業購併的好處似乎不少，不過想要有高報酬當然就得背負高風險，在這些看似炫麗的誘人條件背後，其實也隱藏著很多失敗的陷阱。

借殼／
股價將洗牌，留意經營者終極目的

　　借殼上市的故事，在台灣很多年前就已存在，只是那時並未引起大眾注意。但自從建築界名人侯西峰順利取得國揚建設的經營權後，國揚股價從不到10元的全額交割股，最高漲到77.5元，漲幅高達861％。這可說是「借殼上市」最成功的典範！

　　另一例是看準南港輪胎雄厚土地資產但未積極開發的林學圃，林學圃花了數年的時間研究規劃，一路逢低吃入南港輪胎股票，而南港輪胎在林學圃入主經營之後，公司體質徹底改善，新產品陸續問世，同時他積極開發公司名下的土地資產，厚實公司的獲利能力，又創造了一個借殼成功的案例。南港的股價，在半年的時間內竟然從57元，飆到205元，漲幅3.6倍。借殼成功之後，股價多有好幾倍的漲幅：

　　其實，借殼上市並不是新鮮名詞，它正是屬於「購併」的一種。在臺灣，最常見的是有心人在集中市場不斷地吃入某家公司的股份，然後拿到控制權。

一般來說，想透過借殼上市的人，主要是想跳過證交法規定的輔導上市上櫃流程。眾所皆知，企業上市上櫃需要經過冗長、嚴謹的時間（二～三年）接受專業機構輔導，且不一定能夠順利通過主管機關的審查。

　　為節省時間，他們多半從集中市場購入足夠的股份入主某家公司，再透過本身經營能力或者資源的互補，例如土地資源與土地開發技術互補；以及人才的交流、管理技術的引進、產品開發技術交流等，讓被借殼的公司獲利，促使股價上揚。

　　究竟什麼樣的公司容易被「借殼上市」呢？

　　股市學理上有個名詞叫做「價值創造」（Value Create），大致可以解釋。簡單地說，如果主併者認為購併一家公司能創造策略性的價值，那麼就值得更進一步衡量價值。

　　通常被選為目標的股票，都有一個特性：本業經營不佳，所以股價也就偏低了。換句話說，入主者可以用較低廉的成本控制一個公司。

　　例如亞瑟科技，因生產傳統３.５寸磁碟片的毛利日趨微薄，獲利能力不斷下滑，所以董事長張金仲把經營權移轉給建築界的新巨群企業，將林口的營推建案收入注入亞瑟科技，給了該公司股價相當多的想像空間。亞瑟科技的股價因此從25.5元一路攀爬到70元左右。

　　被選為目標的股票，通常都是歷史悠久、有大量土地資源、但本業已無獲利機會的公司。例如紡織業或食品業等傳統產業，本業已無爆發力，但大多擁有閒置的廠房，資產成本很低。

　　而市場派入主者通常是雙方利益可以相互結合的營建業者。

　　此外，被選中的公司通常股本不大，流通在外的股份相當分散，因此入主者吃貨時不但可以避人耳目，股價不會暴漲過速，也不容易受到原有經營者的抗拒。

　　另一個極端的情形，則是出現在標的股權相當集中的公司。在雙方達成共識的情況下，股權移轉容易，主併者的收購成本也不會太高。

　　值得注意的是，通常收購消息很容易曝光，而使股價快速飆漲，如果被選中的

公司股本太大，收購成本自然大幅提高，這是行動者所不樂見到的事情。

過去，凡是傳出被借殼上市的股票，股價都一路向上衝。在多頭行情裡，題材的發酵力更是驚人，這種現象可以從標的股的基本面來解釋。

因為市場派入主，代表有人願意投入資金改善這家經營不善的公司，重新整頓、注入新資源。這些轉機題材，將吸引投資人跟進，使買盤源源不斷。

再從短線來看，倘若股權不能平和轉移，市場派與公司派為了掌握經營權，在市場上的競相吃貨現象，也將使股價愈墊愈高。而且將吸引更多的搶短客低進高出，所以在購併的過程中，股價通常較不穩定，容易急漲急跌。

投資人在選擇這類題材的股票時，必須留意：

入主者是否有魄力及野心？

經營能力、過去記錄如何？

是否準備長期規劃好好經營？

還是想利用借殼上市後淘空公司資產、再反手拋售？

另一方面，投資人必需檢視這項消息的真實性，是不是有心人想拉高股價出脫手中持股，而故意放出的空氣？

當然，這類併購案也有可能因消息走漏使股價逐步翻高，而使入主者不得不放棄原先計畫。投資人得小心謹慎，當心追高套牢。

表4-1 台股知名的借殼上市股價狂飆記錄。

股票名稱	起漲點股價	最高股價	經歷時間	漲幅
國揚建設	9元	77.5元	18 個月	861%
順大裕	38元	130元	7 個月	342%
南港	57元	205元	6 個月	360%
皇帝龍	20.1元	48.2元	2 個月	240%
亞瑟科技	25.5元	74元	7 個月	290%

聯姻／
洞燭先機，早卡位早收割

　　2009年11月14日，群創（代碼：3481）宣布購併奇美電，以1比2.05作為換股比率，依群創與奇美電在11月13日收盤價計算，奇美電股價應有22.93元的價值。換言之，奇美電仍有21.95%的上漲空間，難怪消息傳來，奇美電非常搶手。

　　奇美電 （代碼：3009)董事長許文龍一句要做「世界的台灣」，不是「台灣的面板」，就把奇美電嫁給鴻海集團，一舉成為台灣最大、全球第三的面板廠！

　　從奇美與群創兩大面板廠的聯姻來看，兩家公司的負責人許文龍跟郭台銘所展現的決斷力，是很可觀的。聽說他們兩位老闆是在一頓飯的會談中就把事情搞定了的。以下是筆者2009年11月6日對奇美所做的功課：

　　一、熱門現象：TCL挖奇美百人建面板廠。中國液晶電視品牌大廠TCL，為籌建與深圳市政府合資興建8.5代液晶面板廠，大挖奇美電子百人技術與經營團隊，其中，有高階主管改披戰袍轉替TCL效力。

二、利多因素：大陸發展面板的廠商來台挖角。大陸最大電視廠TCL傳出向奇美電挖角百餘名工程師，將在深圳建8.5代面板廠，引爆兩岸面板供應鏈的戰火。大陸彩電廠積極將觸角擴及上游的面板，直接與友達、奇美電槓上，台灣技術人員成為優先挖角對象，兩岸面板產業展開一場搶人大戰。不過，市場上也有不同聯想，可能是深圳市政府要拉攏TCL與奇美合作，投資新世代面板廠前奏曲。

　　三、利空因素：友達、奇美登陸發展恐受限。大陸本土液晶電視品牌廠全力布建新世代面板廠，大陸擁有市場與資金，只缺乏技術人才，因此向南韓與台灣全面挖角。一旦引入台灣前段廠的技術資源，將使得友達與奇美電在大陸電視市場的發展空間更狹窄。而大陸政府培植本土面板產業多年，南韓、台灣只能到大陸設後段模組廠，本土面板廠技術遲遲無法突破，當地生產的面板仍難以搶攻液晶電視市場，大陸的面板廠一直都不是台韓面板廠對手。2009年大陸家電下鄉，幫助友達與奇美電度過金融海嘯最寒冷的一季，台灣的面板廠與大陸的液晶電視品牌廠，共同創造大陸液晶電視的龐大需求，同時，友達並與大陸本土電視品牌四川長虹合資成立模組（LCM）廠，合作開發大陸市場的作法更積極。

　　從這裡看來，群創和奇美合作，也有不得不然的苦衷。合則兩利，何樂而不為呢？

　　其實，這件事照筆者看來，決定的念頭可能很短暫，但放在心頭可不是很短暫的事啊！至少在高級幹部的會議中早已提及。甚至我們從股市的價量表現，更可以大膽地說，很多人早已知道這項決策了。只要合作一宣布，股價必漲。於是，有心人就提早介入了。

　　我們來看看奇美電的K線圖，在事前兩日的2009年11月14日和2009年11月15日兩天，奇美電已經出量了。可見知曉內情的人已先行介入。11月16日的行情，奇美電已見惜售。想買已來不及了！到了11月17日由於多空想法分歧，因而爆出大量。

圖4-6　奇美日線圖

奇美電在2009年11月14日和11月15日兩天，已經出量了，可見知曉決策內情的人已先行介入。11月16日明顯產生惜售。11月17日多空想法分歧，因而爆出大量。

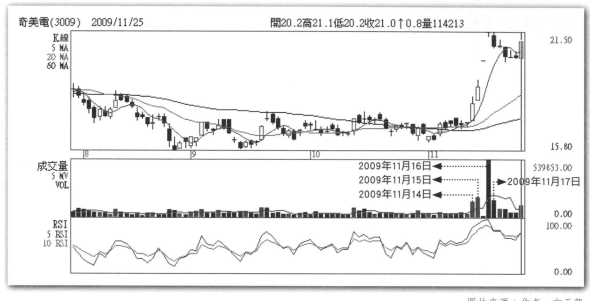

圖片來源：作者　方天龍

「抗鴻」暗流激盪友達輸人不輸陣

2000年，台積電購併世大，張汝京帶領大批團隊赴上海成立中芯，利用中國豐沛資金不斷擴充廠房，破壞半導體產業價格水準，全球半導體業因而深受影響。過去大家都認為面板產業需要整合才能與韓國競爭，不過，從目前景氣轉好的角度來看，群創和奇美電的併購案符合「大者恆大」的趨勢，兩家公司在產品上可互補，且鴻海先前吃下SONY墨西哥廠，單靠群創的面板供應不足，吃下奇美電後則正好能夠供應需求，所以對群創與奇美電後市表現，應該都是正面解讀才對。

不過，群創、奇美電合併衝擊，對友達的股價卻並未有太大的打擊。「你好，歸你好。我們也不差！」是抗鴻暗流激盪的結局，友達還真是輸人不輸陣。

郭台銘揮軍面板業，改寫全球電視、筆電及手機高達數兆元的版圖。不過，一

股「抗鴻」暗流正蠢蠢欲動，而李焜耀正是點火的人。李焜耀除了整合醞釀中的抗鴻陣線外，新奇美合併過程中可能出現的人才及訂單的變動，也讓友達至少有一年空檔得以想辦法反擊，加上兩個完全不同的企業文化，都讓這場看似郭台銘占上風的戰爭，也可謂勢均力敵了。此外，兩家公司合併，會被裁掉的部門一定是效率較低的，由於群創在後段組裝效率較好，奇美電的後段員工被整併機會最高。

　　從上下游零組件供應鏈來看，奇美電原來的供應商有二千餘家，若加上群創與統寶，供應商加起來少說也有四、五千家；目前這些供應商都相當緊張，因為新奇美市占擴大，地位更強勢，供應商勢必縮減，很多供應商都擔心自己地位不保。這才是股價上升或下跌之外的議題了。

　　我們來看看友達、奇美、群創這三家公司在聯姻後一個月的股價變化。看來，群創似乎是比較沒什麼甜頭吃；奇美電飆過之後，則正在高檔整理之中。至於友達，也一路向上，並且不甘示弱！

圖4-7　「友達」的日線圖。

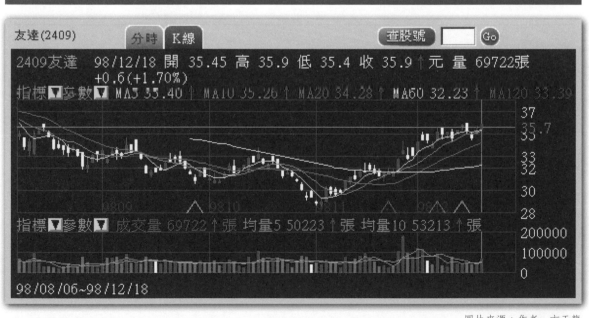

圖片來源：作者　方天龍

圖4-8　當年「奇美電」的日線圖。

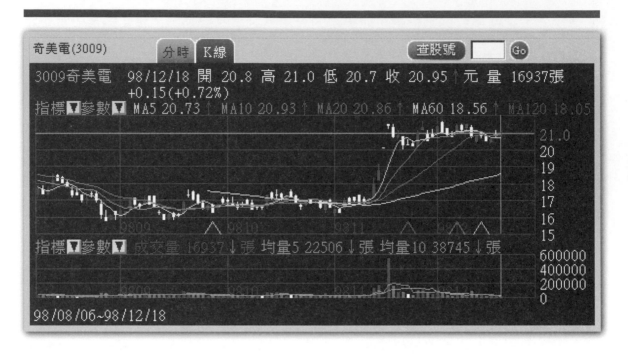

圖4-9　「群創」的股價發展。

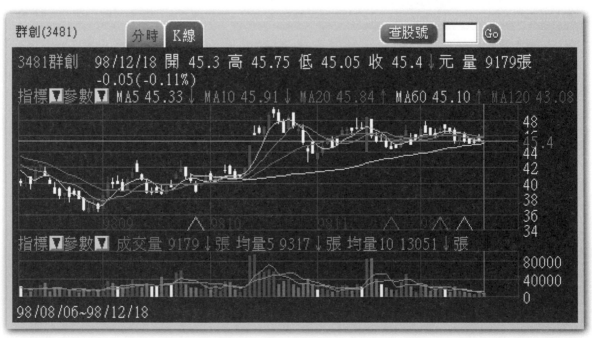

外資特別垂青「群創」和「友達」

本書「全新增訂版」截稿前夕，對上述股票追蹤後發現自2014年7月大盤大幅盤跌以來，外資特別鍾情什麼股票呢？就是「群創」和「友達」，從10月27日大盤止跌、打第二支腳之後，前兩名就是它們，可見外資對這樣的公司特別有興趣。

圖4-10　大盤暴跌之後，「群創」和「友達」有補漲行情。

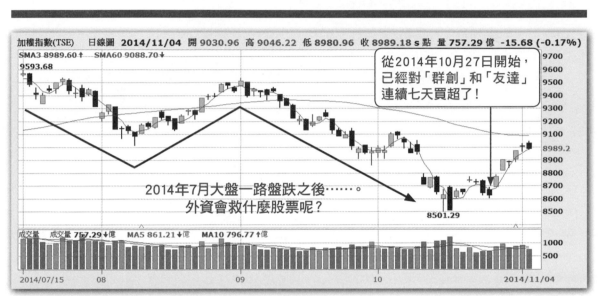

（資料來源：XQ全球贏家）

表4-2　「群創」和「友達」分居外資排行榜的前二名。（XQ全球贏家）

外資連續買賣超排行														
		買超							賣超					
名次	股票名稱	買進	賣出	買賣超張數	收盤價	漲跌	備註	名次	股票名稱	買進	賣出	買賣超張數	收盤價	漲跌	備註
1	群創(3481)	101,470	18,899	82,571	14.40	0.25	連7買	1	華邦電(2344)	1,541	22,282	-20,741	9.39	0.01	連9賣
2	友達(2409)	74,630	7,580	67,050	14.80	0.45	連7買	2	勝華(2384)	0	18,110	-18,110	2.21	0.14	連10賣
3	台積電(2330)	69,557	26,585	42,972	132.00	1.00	連7買	3	力成(6239)	2,757	12,714	-9,957	50.30	-0.20	連4賣
4	聯電(2303)	45,259	7,170	38,089	13.35	0.00	連9買	4	彩晶(6116)	6,063	12,130	-6,067	7.60	0.21	連5賣
5	中信金(2891)	34,474	10,654	23,820	21.45	0.05	連2買	5	國泰金(2882)	9,987	15,528	-5,542	49.50	-0.45	連2賣
6	鴻海(2317)	28,116	9,316	18,800	97.50	-0.60	連2買	6	仁寶(2324)	4,833	9,875	-5,042	21.90	-0.25	連2賣
7	華亞科(3474)	20,896	3,685	17,211	47.55	0.80	連3買	7	大聯大(3702)	2,073	6,743	-4,670	35.80	-0.60	連5賣
8	開發金(2883)	23,256	7,722	15,534	9.80	-0.01	連7買	8	統一實(9907)	1,308	5,910	-4,602	17.20	-0.20	連4賣
	日月光								台達電						

CHAPTER 5

飆股揭密四／產業連動

在經驗中我悟到，

研究產業的價值非常重要，

如果再注意產業間的連動關係，

就更容易跟上主流股，

而這是創造豐厚報酬很重要的關鍵。

遊戲類股的啟示／
3要領，坐享股價飆飆樂

　　美國有一位名為「麥克‧莫伊」的特許財務分析師，他是最早發現星巴克股票潛力的分析師之一。一九九二年星巴克首度公開上市的時候，他就看出了這檔股票的巨大潛力。當時星巴克市值才2.2億美元，成長超過100倍。後來，莫伊又陸續挖掘出像Google等一堆潛力股，所以被稱為「當代最具有洞察力的市場專家」！

　　麥克‧莫伊說：「創造最豐厚報酬的股票，就是那些從小公司變成大公司的股票。我的目標就是辨別並投資這些被我稱為明日之星的股票──全世界最具創新能力、成長最快的飆股。」

　　飆股所以具有潛力，並不一定只能從行情表的波動去研判，有時從該公司的特定市場去觀察，從該公司產品是否具有創新能力，以及該公司的經營團隊是否健全、上下游客戶關係是否良好，即可判斷出來。

　　筆者當年熟識的優秀基金經理人黃慶和先生，由於績效卓著，早就躍升公司主管了。有一次他告訴我說，他很少盯著行情表看，「無聊的時候才會看盤」。但是

他一年都要拜訪好幾百家公司，並長期觀察各家公司的發展，找出平均成長率後，再與該公司目前的股價作比較，但因「股價與該公司資產價值呈正比例」、「股價波動與公司盈餘成長性成正向關係」，所以屬於成長性的公司，如果用波段操作，投資報酬率反而會向下降。因此他一向不在乎短線的波動。

從遊戲類股齊漲齊跌的歷史故事說起……

成功贏家確實各有獨門秘笈，像黃先生便是非常重視「價值投資」的人，他認為投資股票要以「價值」為核心，才不會追高殺低，也才容易找到真正的飆股！這一點也給我很大的啟發。同時，筆者也從長期的實際操盤經驗中悟到，研究產業的價值非常重要，如果能再注意該產業的連動關係，在操盤時就更容易跟上主流股了。因為主流股通常就是熱門股，有時會擠不上列車。如果不了解產業連動關係，就不容易找到其他相關的個股買進，極易錯失良機。

常常看盤的人應該會有個感覺，當某一檔龍頭股大漲時，同一類股票常常會受到影響而跟著翻紅上揚，甚至到最後，這一類竟然有多支股票都漲停板了。這就是類股的「比價效應」，一人得道，雞犬升天。當這種類股齊漲的情形持續多天時，我們通常稱它們是「主流股」。其實，在產業的連動關係上，這種情況更為明顯。

以2009年為例，最明顯的就是暑假期間的遊戲類股，幾乎支支漲翻天，支支是飆股！如果你能很敏銳地發現，就能很快地搭上列車。否則幾千支的股票，哪能注意到？恐怕遊戲類股已漲完了，你可能都沒發現，那才真是冤枉啊！

我們以網龍為例，可以發現它在暑假之前就已經一路飆升，直到2009年7月20日來到最高點。然而，類股大漲的消息在次日見報之後，就是最高點了。如果你見了報紙才準備介入，那肯定是被套牢的居多！這就是何以股票需要自己研究、讓媒體告訴你時已嫌太晚的道理。

請看圖5-1及圖5-2，我們從網龍的月線圖來看，它在2009年7月20日之後，便未再見到股價創新高了。

圖5-1　網龍在2009年7月20日來到最高點519元。

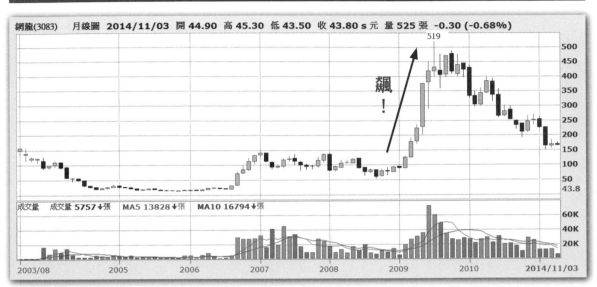

（資料來源：XQ全球贏家）

圖5-2　網龍到了2014年11月5日只剩43.8元。

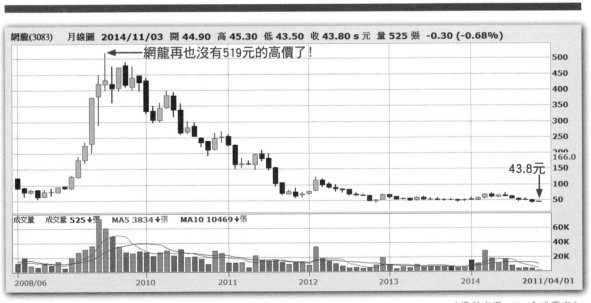

（資料來源：XQ全球贏家）

不信嗎？那我們再舉個例子說明好了！

宇峻（代碼：3546）也跟網龍的走勢一樣，在暑假之前就已經一路飆高，直到2009年7月21日類股大漲的消息見報之後，便一路狂跌下去了。2009年7月23日就是它拉高出貨的日子！

我們從宇峻的月線圖（圖5-3及圖5-4）來看，它在2010年5月3日還創過一次新高，但基本上在2009年7月23日附近也相對是個高檔。如今我們比對一下，在2010年，便未再見到股價創新高了。2014年11月5日，它的股價也只剩下45.75元。

接著，我們再來看看智冠（代碼：5478），它的走勢也和網龍一模一樣。從2008年年尾開始橫盤了很久，才慢慢加溫，像爬樓梯似的，一路向上，直到2009年6月1日左右爆出第一次的火花，經過冷卻之後，股價再度噴出。

到了2009年7月20日便來到最高點。這時，幾乎所有的遊戲類股全部大漲。

但是，在這一天之後，「戲」就落幕了！股價未再好過。

圖5-3　宇峻也在激情過後，繁華不再。

（圖片來源：XQ全球贏家）

圖5-4　宇峻到了2014年11月5日只剩45.75元。

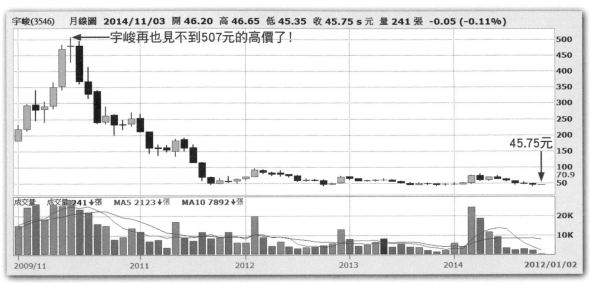

（圖片來源：XQ全球贏家）

圖5-5　智冠爆出火花的走勢和網龍，簡直是無分軒輊。

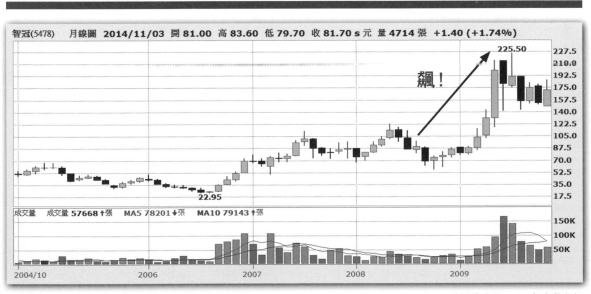

（圖片來源：XQ全球贏家）

圖5-6　智冠到了2014年11月5日只剩87.1元。

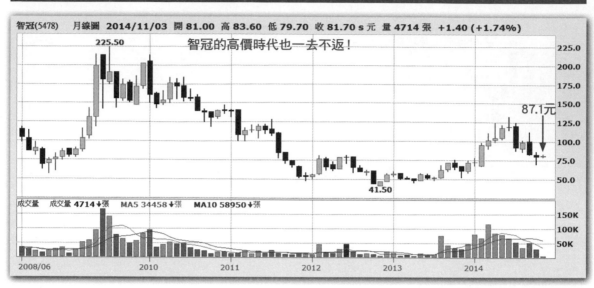

（圖片來源：XQ全球贏家）

　　我們再舉一檔遊戲概念股——橘子（代碼：6108）看看。

　　橘子與網龍、宇峻、智冠等等各股均如出一轍。

圖5-7　橘子的最高價曾經來到68.8元。

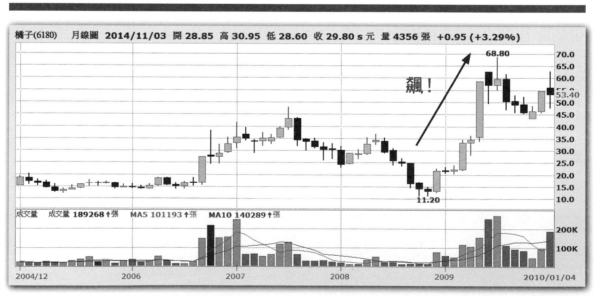

（圖片來源：XQ全球贏家）

圖5-8　橘子到了2014年11月5日只剩29.8元。

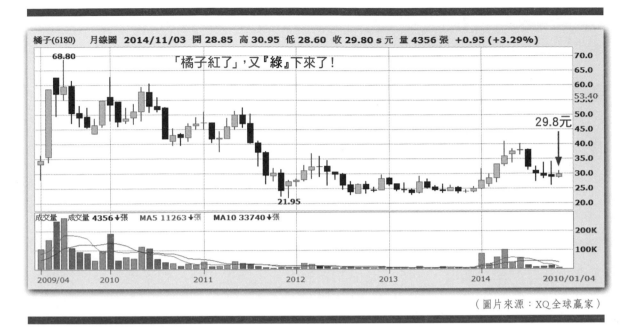

（圖片來源：XQ全球贏家）

　　從截圖可清楚的看出橘子從2008年年尾到2009年舊曆年，都是橫盤的走勢，到2009年3月開始，股價慢慢上揚，到了5月中旬過後，開始急拉，在6月1日初見鋒芒，然後稍做洗盤，即一直朝向高處攻堅，到了7月21日終告偃旗息鼓。此後股價就重挫下去了。從遊戲股的齊漲齊跌，我們可以得到以下的啟示：

類股齊漲齊跌的啟示一：飆股的尋找，需要先見之明。

　　學生放暑假的消費市場是遊戲業者的一級戰線，投資人如果敏感，應該在2009年6月1日就發現遊戲類股已齊步衝高了一次。請仔細看看本文前面的網龍、宇峻、智冠、橘子這四檔（其他的遊戲類股，也是一樣，不另舉例）股票的K線圖就可知道，遊戲股平靜無波已久，在長期橫盤之後，慢慢加溫，能越早發現它起漲徵兆而趕緊介入的人，就可以買到較低的價位；較晚介入的人，至少在2009年6月1日發現它們，在這些飆股洗盤量縮價穩之後再介入，也還有獲利機會。但無論如何，確實都需要先見之明。

類股齊漲齊跌的啟示二：媒體宣揚後，主力溜之大吉。

遊戲類股在2009年經過兩波的向上攻堅之後，股價已呈現全面噴出的態勢，再不敏感的投資人也都看到了。很多人一直眼見遊戲類股大漲，早就心癢癢的，到了2009年7月20日的時候，就全面噴出了，媒體也大幅報導，各種利多紛紛出籠。當天，線上遊戲的各股表現異常強勢，上櫃股王網龍（3083）再度以512元創下掛牌新高，宇峻（3546）、智冠（5478）強攻漲停，這3檔個股當天都創下歷史新高。除此以外，鈊象(3293)、昱泉（6169）、橘子（6180）、大宇資（6111）等幾種遊戲概念股也全部漲停，尤其當中的橘子，還創下6年半以來的新高價。但是，請看看這些股票的後市如何？無不從這一天起，開始大回檔，此後就一直未再有機會恢復當年的繁華盛況了。那些高價的數據也走入歷史。而不知不覺、後知後覺的人，在狂熱中跟著買進股票，也都被套牢了！

類股齊漲齊跌的啟示三：樹大必招風，高調就沒戲唱。

室內線上遊戲，是一種暑假概念股。當業者頻頻釋出利多消息的時候，就是主力準備落跑的時機。2009年7月，業者最明顯的利多，就以當月25日在大陸上海開幕的「中國遊戲電玩展」（ChinaJoy）為最大的焦點。台灣宇峻奧汀和遊戲新幹線都主打「中國風」遊戲題材，希望大陸豐厚的權利金和廣大的遊戲迷，能為遊戲廠帶來極大商機。另外，網龍的「中華英雄 online」也在那年8月上市，並指稱海外權利金可觀。至於網龍母公司智冠，也「母以子貴」，宣稱本身有年度大作「三國志online」在那年8月開始收費。於是，在利多頻頻加持之下，遊戲類股都發飆了！由於線上遊戲股全數為上櫃公司，2009年7月以後，大漲走勢帶動OTC指數創下新高。根據櫃買中心的統計，網龍當時近90個交易日的漲幅已達250%，宇峻近90個交易日的漲幅逾300%，昱泉近90個交易日的漲幅近300%。漲幅都非常劇烈，甚至被列為「注意股票」了。既然被「注意」了，自然要低調下來，於是所有的遊戲類股跟著全面回檔了！

汽車、節能類股的啟示／
激勵牌，類股雨露同沾

　　類股的齊漲齊跌，原因很多，有時候是原物料漲價了，這會造就生產公司的盈利，所以股價水漲船高；有時候是由於此一類股跌多了，自然有翻身機會；有時候是全球都漲了，台股也漲了，可是這一個類股一直都沒漲過，於是進行「補漲」；有時候是類股輪漲，沒什麼理由。

　　但是，有一種概念股的產業連動關係是來自全球或其他地區，那也會造成類股的齊漲齊跌。例如2009年8、9月開始的「汽車概念股」一路飆漲，便是來自「政策」的激勵。

　　那時，中國大陸科技部部長萬鋼透露，大陸官方將推出電動汽車產業的激勵政策，國家發改委也將採取七大措施，促進汽車零組件出口。

　　根據萬鋼的說法，大陸汽車市場龐大而多元化，對電動汽車產品有現實需求，

可以從大中型客車和小轎車為突破點，以兩頭並進的方式，逐步推動電動汽車的產業化。他說，中國政府將加快實施電力驅動的技術戰略轉型，進一步加快電動汽車的產業發展。一方面以核心技術、關鍵部件、系統集成和基礎設施集成為重點。另一方面，以小型乘用車和大中型客車為突破口，實施激勵政策，推動電動汽車的產業化和商業化。還將積極推進標準化工作，建立健全電動汽車的標準法規體系，完善政策環境。由於台灣的經濟與大陸的依存關係越越重，大陸的激勵政策，自然對台灣相關汽車產業發生連動關係，股價也會大受影響。我們來看看自從2009年8月底、9月底開始發酵的「汽車概念股」是如何發酵的吧！

再看東陽（代碼：1319），從它的股價一路發飆。抱持這樣的股票，是不是一種「懶人投資術」？何必在乎過程的「跌」呢？光是從34元出發，到12月8日的漲停板59.3元，獲利已有74%了。我們再來看看中碳（代碼：1723），它也是受到激勵，同時開始飆漲，從69.2元一口氣飆到92.8元，不到一個月就漲了34%。此外，朋程（代碼：1723）的走勢也如出一徹。從99元飆到156元，漲幅也有57%。

圖5-9　由於政策的激勵，汽車概念股也曾一路向上挺進。

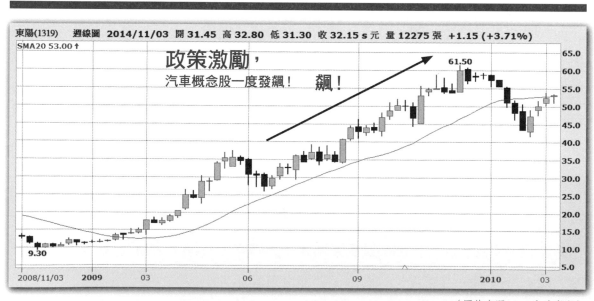

（圖片來源：XQ全球贏家）

圖5-10 由於政策的激勵，「中碳」也曾一路向上挺進。

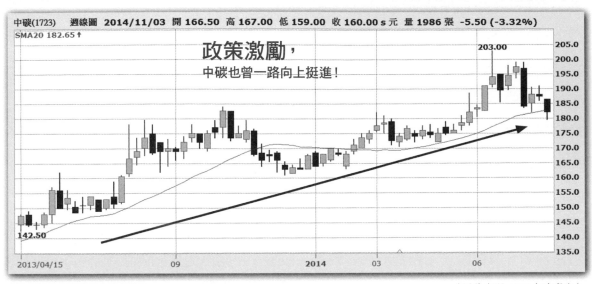

（圖片來源：XQ全球贏家）

圖5-11 由於政策的激勵，「朋程」也曾風光過。

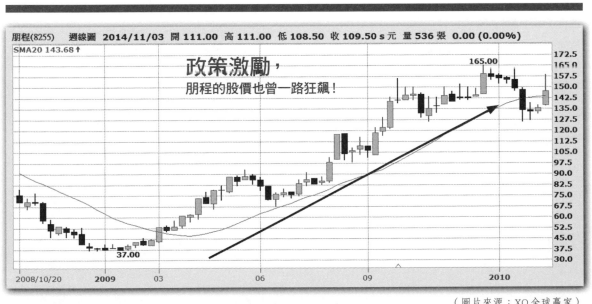

（圖片來源：XQ全球贏家）

節能減碳，也有一波大行情

至於「太陽能概念股」，也曾經是一個受人矚目的產業。

全球注意的哥本哈根「氣候會議」登場，號稱史上最大規模的氣候變遷高峰會齊聚192個國家，會商地球暖化問題。這可是好大的題材！

哥本哈根氣候會議一登場，相關概念股如太陽能、LED、電子書、智能電網、水資源、環保、電動車等族群，均成為盤面主流股，股價大漲。基本上，一旦哥本哈根會議決議定案，節能減碳不再是「題材」，而是未來政府產業政策推動的方向，股價必然是長線看好，這是不用說的。

2009年12月，哥本哈根氣候會議將從7日開到18日的全球領袖共同宣言，是幫助相關概念族群股價一路持續發酵的最大保證。我們再從產能能見度來看，太陽能產業能見度已明顯提升，有不少公司營運可一路好到2010年第二季。

台股未來產業前景看好的節能減碳相關個股，莫不表態大漲，包括太陽能股及ＬＥＤ股中的的昇陽科（3561）、頂晶科（3562）、新日光（3576）、茂迪（6244）等，以及智能電網的旺久（6233）、訊舟（3047），車電電池的亞力（1514　）、興勤（2428）等股，其實已在幾個月前就已悄悄在漲，甚至可說是只漲不跌。

隨著全球氣候變遷因素，節能減碳已成為全世界高度關注焦點，未來一旦哥本哈根氣候會議作定政策決議，各國政府全力落實政策，預料相關產業未來發展看好，股價仍長線持續看好。

請大家欣賞一下當時八檔相關個股的K線圖。你必然會得到很深的啟示：

圖5-12　「昇陽科」的週線圖。

（圖片來源：XQ全球贏家）

圖5-13　「頂晶科」的日線圖。

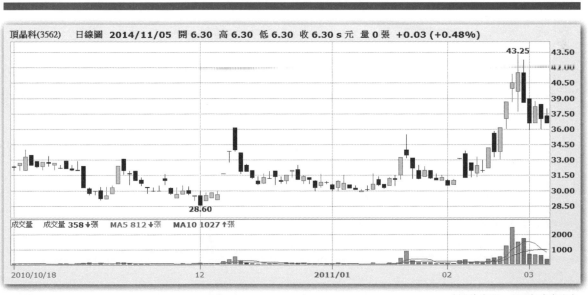

（圖片來源：XQ全球贏家）

圖5-14　「新日光」的日線圖。

（圖片來源：XQ全球贏家）

圖5-15　「茂迪」的日線圖。

（圖片來源：XQ全球贏家）

圖5-16 「旺玖」的日線圖。

（圖片來源：XQ全球贏家）

圖5-17 「訊舟」的日線圖。

（圖片來源：XQ全球贏家）

圖5-18　「亞力」的日線圖。

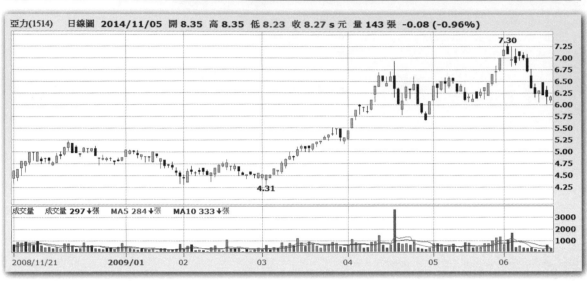

（圖片來源：XQ全球贏家）

圖5-19　「興勤」的日線圖。

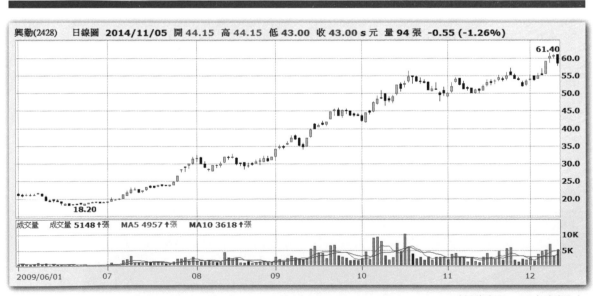

（圖片來源：XQ全球贏家）

小心！小心！
補漲的類股走不遠

此外有一種類股，已經很久沒有大漲，偶然起一些波濤，也不妨留意。如：

近期有什麼類股已經跌很久了？其中是否已有許多個股已經止跌？

近期有什麼類股已經開始大漲了？是否大漲過後開始洗盤了？

近期有什麼類股已經橫盤很久了？其中是否已有許多個股開始放量上攻？

以上三種類型，第一種偶而也有其個別性。許多個股止跌，未必立刻就會帶動全體類股而變成齊漲齊跌。同時，常常量放大了，可惜是「一日行情」。金融股便老是搞這齣戲；第二種，類股大漲之後的洗盤，意味著「我將再起」值得留意。不過，有幾次營利衰退的電子族群烏龍演出，只拉高出貨而已，所以也不可靠。只有第三種比較有機會。但是所謂「補漲的類股走遠」，類股的帶動，力道如何要看「帶頭羊」。如2009年12月9日前一天，我看觀光類股已橫盤夠久突然紛紛大漲。有三支觀光類股漲很凶，分別是華園、六福、劍湖山。他們就是帶頭羊！這種氣勢雖強但是由於久病初癒，自然不要太過於衝動。以下是2009年12月9日的走勢：

圖5-20 「華園」2009年12月9日的分時走勢圖。

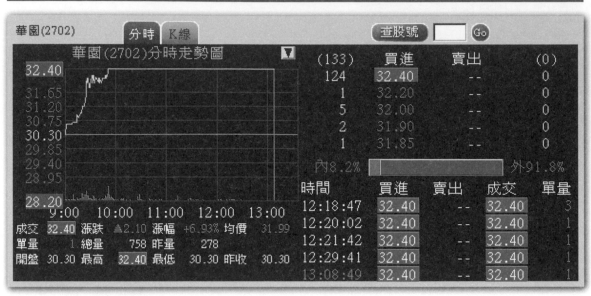

圖片來源：作者 方天龍

圖5-21 「六福」2009年12月9日的分時走勢圖。

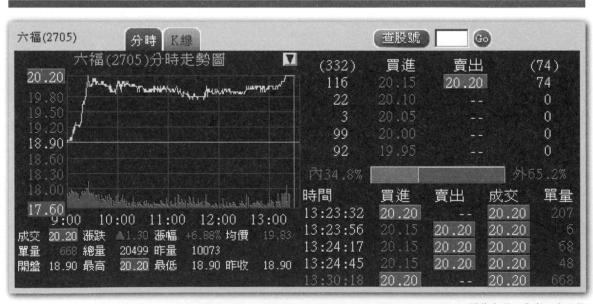

圖片來源：作者 方天龍

圖5-22　「劍湖山」2009年12月9日的分時走勢圖。

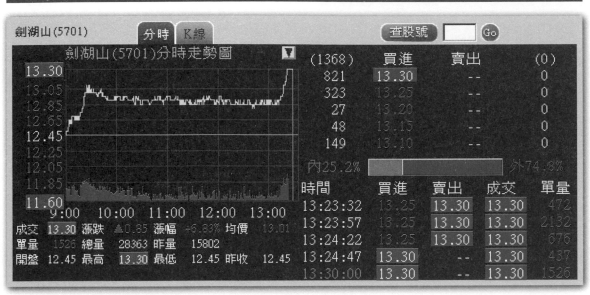

圖片來源：作者　方天龍

　　這三檔股票只是一日行情而已。主要的是它們沒有什麼「故事」，久未漲、輪漲而已。「迎風的樹，結不牢果實」，試看兩週後2009年12月21日的K線圖：

圖5-23　觀察兩週後「華園」2009年12月12日的日K線。

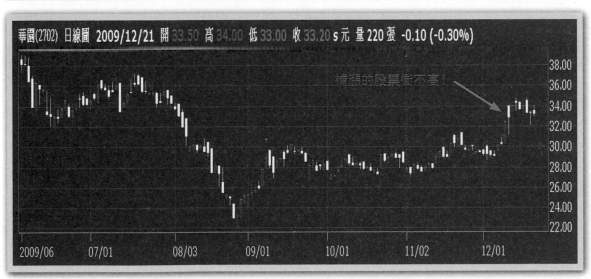

圖片來源：作者　方天龍

圖5-24　觀察兩週後「六福」2009年12月12日的日K線。

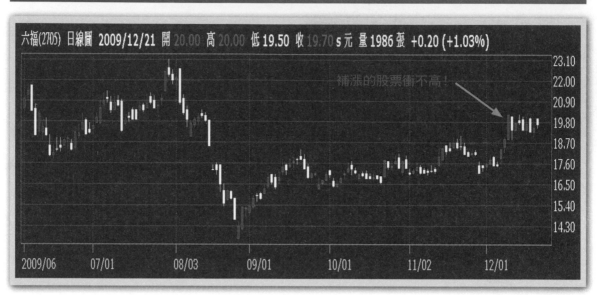

（圖片來源：XQ全球贏家）

圖5-25　觀察兩週後「劍湖山」2009年12月12日的日K線。

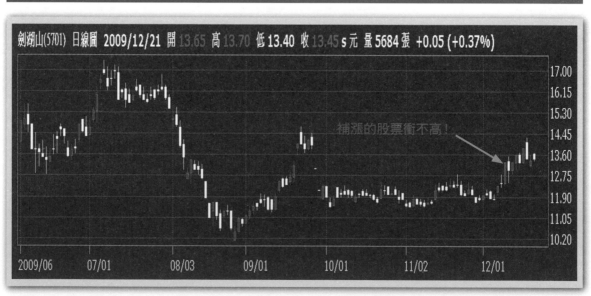

圖片來源：作者　方天龍

CHAPTER 6

飆股揭密五／
技術面

打仗要對的時候一鼓作氣，
操作股票要選對時機出手，
波段不同於短線，
若誤判行情，
資金可是會被套很久。

買在指標超跌時，
RSI、MACD詳解

　　齊國進犯魯國，殺聲四起。魯莊公正要迎戰，曹劌攔住說：「主公且慢，時機未到。」齊軍數萬大軍衝到魯營寨前，見魯營沒反應，便停下來。不久，齊軍又戰鼓大作，曹劌仍阻止魯軍出戰，等敵軍擂鼓三次之後，才說：「時機已到，出擊吧！」於是，魯莊公下令迎戰，剛才魯國兵將只見齊軍驕橫的氣焰，早就憋著滿腔怒火，這時一聽戰鼓擂響，便如下山猛虎，殺得敵軍潰散而逃。魯莊公下令追擊，曹劌又攔住說：「主公，且慢！」說完，跳下戰車，仔細觀察地上齊軍的腳印和車轍，登高一望，說：「可以追擊了！」結果，魯國大勝。班師回朝以後，曹劌向魯莊公解釋得勝的原因：「打仗，靠的是一鼓作氣。齊軍三次衝鋒喊停，已精疲力竭，而我軍嚴陣以待，士氣充沛，所以能戰勝。為防備他們裝敗、埋伏，所以要再觀察。當發現敵軍車轍凌亂、旌旗落地，斷定對方是真的敗逃，我才建議追擊。」

以上是「曹劌論戰」的故事。

舉此為例，是有類於股票的波段投資。

一檔飆股，何時是買賣時機？確實需要像曹劌那樣謹慎觀察，因為這可不同於當沖，當沖見好就收、情況不對就跑，差價不大；而波段操作，如果沒弄清楚來龍去脈，遇到大回檔，很可能就要套牢很久了，不可不慎！

利用科學方法，找出不含糊的買賣點

筆者在拙著《你抓得住漲停板嗎？》第37頁的「出手要快，飆股的三個買點」一節中，提示了筆者的獨家分類－－

三個買點，指的是「預見買點」、「技術買點」和「最後買點」。讀過該書的人多半已經知道詳情，這裡不再贅述。

在這三個波段獲利買點中，「預見買點」是站在較低的位置，可以買到較低的價格，可是也相對必須付出一些時日的等待，並且也不保證往後不會有變化；而「技術買點」，則有統計學的根據，在機率上佔絕對優勢，可以實現預期中的獲利機會。至於「最後買點」，雖是火中取栗，但不怕燙的高手一樣可以探囊取物，風險不大。

實際上，技術指標有上百種，如何選擇飆股呢？除了平常多觀察那些比較容易漲停板的股票以外，我們也可以找在K線型態中偏多──例如頭肩底、W底、圓型底、潛伏底等等的股票去做多，做空則找頭肩頂、M型等等的股票去放空。不過，真正比較常用的技術分析工具，往往比較可靠。例如：移動平均線（MA）、相對強弱指標（RSI）、「收斂與發散移動平均指標」（MACD）、隨機指標（KD值）、乖離率（BIAS）等等。

至於如何在自己看上的飆股中發現買賣時機呢？

最基本的方法就是，買在技術指標「超跌」的時候。

茲簡述如下：

一、六日RSI：

RSI已為目前市場普遍使用，是主要技術指標之一，其主要特點是計算某一段時間內買賣雙方力量，作為超買、超賣的參考，通常與Ｋ線圖及其他技術指標(至少3至5種)一起使用，以免過早賣出或買進，造成賺少賠多的損失。

六日RSI通常在20和80之間游走，如果高到80以上即為賣點，低到二十以下則是買點。在一個波段內，如果RSI在50有支撐，則跌破50即可確定跌勢。

以上的理論是一般「資料整理」的書中都有的篇幅，可是，如果不融會貫通，仍無法在操盤時加以運用，也就無法抓到真正的買賣時機、拉高勝率。請看筆者在圖6-1和圖6-2的重點提示，你會對指標的精準驚異不已，因為圖是擺在那兒，如果無法看到重點，就學不會，因為很少財經作者願意把重點圈出來並做出最直接明白的解釋，這也就是大多數股市新手看了書仍如墜五里霧中的主因。

圖6-1中，我們會看到圈起來的區塊，是股價已經進入超買區了——該準備賣出而不是買進。當然，沒有在低檔先行卡位的人（由50到80即是轉強的買進時機，手腳要夠快），就沒有股票可賣。

然後，我們看圖中「賣點到了」，也是有訣竅的：通常進入80以後，就「只准進、不准退」，一旦數據「退後」，即要在第一時間賣出。圖中138元雖是最高點，卻也不過是火花的最後一閃而已，瞬即化為烏有，接著是一大段放空的好時機。

圖6-2，如果不把相關部位圈起來，你也不會知道跌下來，什麼地方才是最好的買點。而筆者直接把它框出來了，訣竅就是「股價一底比一底低，而RSI卻是一底比一底高」，這是「牛市背離」的現象，也叫做「正背離」、「打底背離」、「多頭背離」。發現這個現象以後，在 RSI 6 和 RSI 12 密合之處買進就對了！看得懂就能找到最可靠也最有保障的買點！那是相對的、不必等待的低點，往後即使股價沒有大漲，也隨時都有獲利機會。由此可知，「解讀」的能力非常重要，關係著你是輸家，還是贏家！

圖6-1　RSI圈起來的位置，是進入超買區的「登機口」。

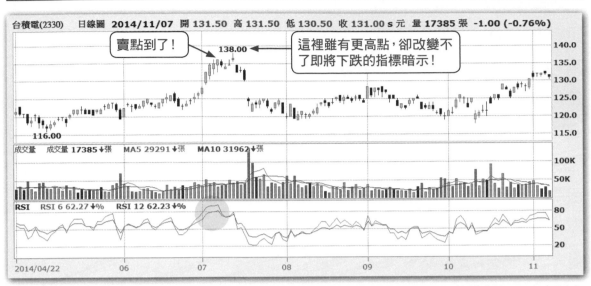

（圖片來源：XQ全球贏家）

圖6-2　RSI框起來的位置，是「多頭背離」尋找買點的時機。

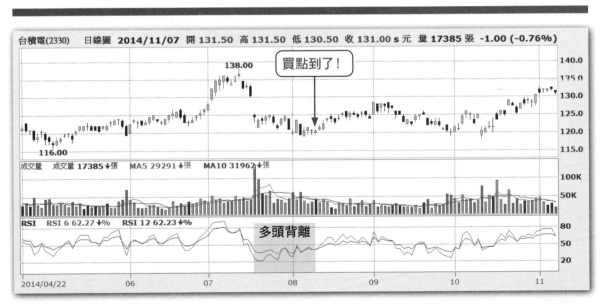

（圖片來源：XQ全球贏家）

二、九日KD值：

九日KD值也是設定在0和100之間，一樣在80視為「超買」，80到100是「嚴重超買」；在20以下是「超賣」，20到0是「嚴重超賣」。

我們仍然以同樣日期的日線圖來看，但使用不同的指標——改用KD指標，並將參數設為9日，RSVt權數設為3，將發現「買賣點」和RSI找出來的是同一天。這就更證明了這兩種指標很相像。

有的短線高手很喜歡看RSI，有的則習慣看KD。筆者則是兩種並列加以觀察，因為越多指標指向同一個結果，會是較準的研判。

我一再強調的就是，千萬不要只用一個指標就定生死，以免與您的預期不一樣而失望、失去對技術分析的信心。

從圖6-3，您可以知道，真正的研判功夫是要用科學的方法，去尋找一個絕不含糊的點（買賣時機的明確日期），這樣才是拉高勝率的可靠方法！

圖6-3　真正的研判功夫是要用科學的方法，去尋找一個絕不含糊的買賣時機，甚至是明確的日期。

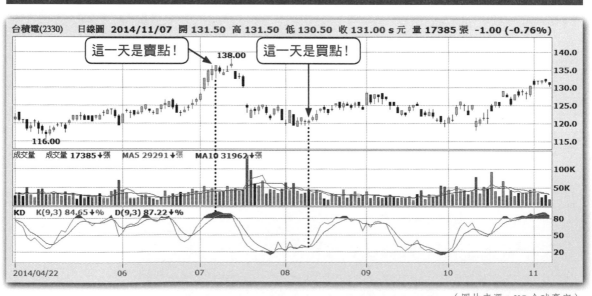

（圖片來源：XQ全球贏家）

臺灣股市每次遭逢黃金交叉（十日線上卅日線）即立即拉回，遭逢多頭排列（十日、卅日、七十二日線上下排列）即立即重挫，大盤往往關前略做拉回，隨即又俱量嘗試衝關，通常衝關後次日立即拉回，且跌幅頗深，三種狀況：一、假黃金交叉。二、假多頭排列。三、假衝關成功。上述狀況即為臺灣股市最常見的三種騙線，常使散戶套牢且賠大錢。現在我們來設計一個選股的條件，那就是：

一、近一日成交量小於10000張

二、股本小於25億元

三、近15天投信買超大於1500張

四、三大法人持股比例小於15%

五、過濾股價5元以下，五日均量在500張以下的個股

這樣的選股法，是以「籌碼」為著眼點選出來的，其中的條件比較寬鬆，因為在本書舊版中用的是「股本小於20億」，有某些飆股早就超過20億了，而原本是「近5天投信買超大於2000張」，這樣的情況在大盤量縮的空頭期間，恐怕也不容易選出股票來。原本是「三大法人持股比例小於10%」，現在也改為「小於15%」，也是怕選不出股票的結果。所以，讀者在試用這樣的條件時，不必拘泥於原先設定的條件，而需要加以測試。如果選出來的股票太多，就將技術線型已微微下彎的股票剔除；如果根本選不出股票，就把選股條件放寬就行了。不過，法人持股比例不要超過15%，因為法人對單一個股抱太多股票，會受到官方限制，而必須調節的，那會形成新的賣壓，所以也不好。筆者在2014年11月7日盤後，用這樣的條件選出來的結果有三檔：先豐（5349）、同亨（5490）、樺漢（6414）。

表6-1　這三檔股票在2014年11月7日盤後的資料如下：　　　　　　製表：方天龍

股票名稱	收盤價	漲跌	漲跌幅	成交量(張)	股本(億)	近15日投信買賣超	三大法人持股比例(%)
先豐（5349）	38	+0.30	+0.80%	1,875	22.41	3,123	12.10
同亨（5490）	53.4	+1.20	+2.30%	2,572	9.44	2,314	10.84
樺漢（6414）	206	+6.00	+3.00%	1,141	6.65	1,775	14.29

圖6-4　用選股條件於2014年11月7日盤後選出來的股票：先豐（5349）。

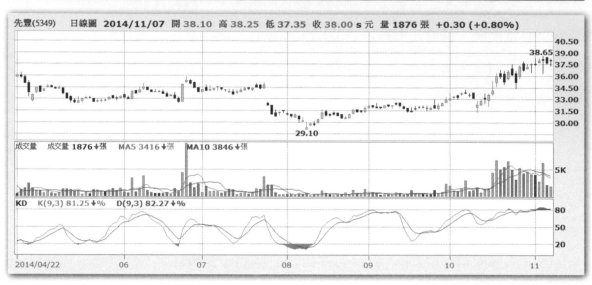

（圖片來源：XQ全球贏家）

圖6-5　用選股條件於2014年11月7日盤後選出來的股票：同亨（5490）。

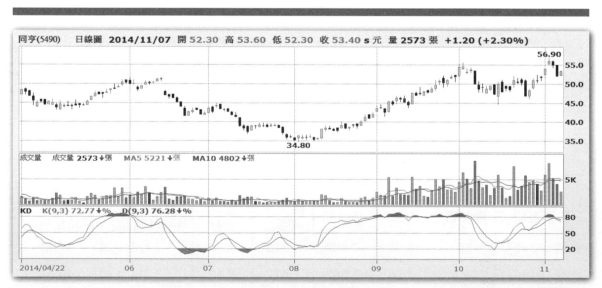

（圖片來源：XQ全球贏家）

圖6-6　用選股條件於2014年11月7日盤後選出來的股票：樺漢（6414）。

（圖片來源：XQ全球贏家）

買在底部形成後，
圓型、W、V型底詳解

所謂「買堅實底部形成後」就是指打底後，打底有三種底：

（一）圓型底。

（二）W型底。

（三）V型底。

其中又以圓型底和W型底的漲幅較大，通常比較穩健的觀察方法，應該是要用週K線來研判底部。跌勢中如果週K線收一長下影線，隨即次週開始揚升為V型底；如果週K線是打底二週不跌破一特定支撐區，則為圓型底；如果週K線是打底而上，又拉回打底而上，則是所謂W型底。

週K線在跌勢後所打出的堅實底部，將會有一定的反彈上升空間，由於圓型底和W型底打底較長較堅實，因此反彈的幅度也愈大，而且通常突破頸線的拉回附近是買點，因為通常會在突破頸線拉回後，產生第二波的漲勢。

所謂打底必須包括下列條件才算是打底（或稱為築底）：

一、必須發生在跌勢中，且有相當的跌幅才算是打底的理想區，跌幅不深只是下跌階段中的休息區，暫時止跌並不能視為打底。

二、打底的K線一定要有下影線，因為下影線表示探底後獲得支撐，為反彈的必要條件。

三、跌勢中必須出現明顯量縮才會醞釀打底，且打底完成必須配合成交量放大才會推升。

四、打底的K線可以日K線、週K線、月K線為準，打底期愈長，勢必其漲幅也愈大。

圖6-7是筆者在2014年11月7日用「圓型底」選出來的股票：「上曜」（1316），相似度是94.34%。再看圖6-8，同一天，用「W型底」選出來的股票：「康普」（4739），相似度是90.75%。再看圖6-9，同一天，用「V型底」選出來的股票：「豐泰」（9910），相似度是92.18%。

圖6-7　在2014年11月7日用「圓型底」選出來的股票：「上曜」（1316）。

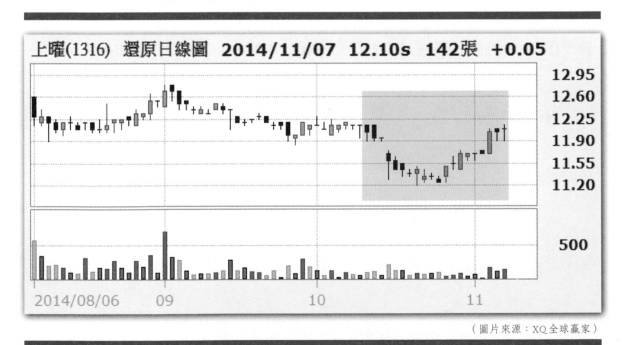

（圖片來源：XQ全球贏家）

圖6-8 在2014年11月7日用「W型底」選出來的股票：「康普」（4739）。

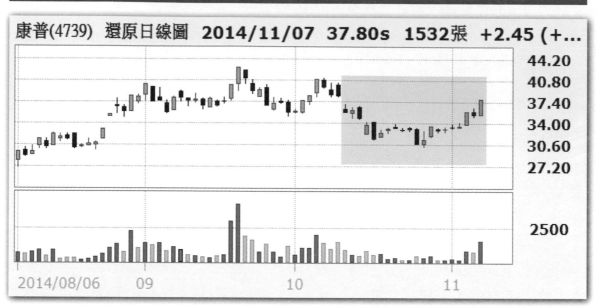

（圖片來源：XQ全球贏家）

圖6-9 在2014年11月7日用「V型底」選出來的股票：「豐泰」（9910）。

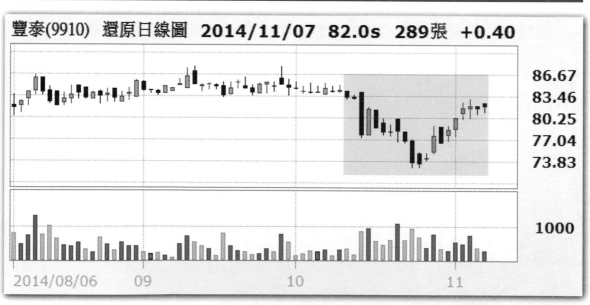

（圖片來源：XQ全球贏家）

實例傳授，
準準掌握飆股的買與賣

　　賣在波段完成點，是多少投資人夢寐以求的理想，但要實現這個理想並不難，因為台股波段完成點，事先會出現的共同特徵，掌握這些波段結束前的特徵，就能賣到最高點附近，要想賣到最高點有兩個訣竅：第一，相信技術性指標與圖型的暗示；第二，不要讓貪心混淆了你的判斷。

　　其次，波段會結束通常必有其結束的原因，如果仔細分析，通常有下列原因：

　　一、突發性消息面重大利空，防不勝防無可避免的重挫。

　　二、漲幅過大之後，指數在高檔久盤不上，一旦大量出現，跌勢便隨即開始。

　　三、重要關卡前連續出現量大不漲（收上影線），但突然又看回不回，出現量價俱增長紅衝關態勢，此種型態通常為假突破，衝關次日即易出現開高走低大量收長黑來結束波段漲勢。

　　四、漲勢很強且漲幅很大的急漲走勢，六日RSI在過高後出現大量收黑，此乃正常技術性拉回，回檔幅度深淺視當時消息面之發展而定。

綜合上面所述，可以判定波段完成點的特徵，是漲幅過大之後出現大量、收黑、指標過熱、消息面有逆轉，而通常開高大量殺尾盤的結束方式跌勢較凶，而主跌金融股的重挫，其跌幅必然較深，上述均為賣點研判必要的準則。

以下範例均為本書第一版內容，改版時覺得當初寫得極為用心，故保留－－

範例一【漢唐】新聞＋籌碼＋技術，操盤邏輯是這樣思維的

漢唐和亞翔一樣都是做「無塵室」；同時也和漢科、帆宣一樣屬於「廠務工程」的產業。從2009年11月6日起開始飆漲，可以說是突然冒出的飆股，在2009.11.13收盤時已經連飆六天，未來會飆到哪裡，誰也不知道，因為股價已經創新高，往上已無歷史線型的壓力。但主力有多大的視野和格局，誰也不知道，恐怕得看大盤的走勢了。近年的台股，很少主力敢再作逆勢英雄了。順勢而為吧！

圖6-10　「漢唐」日線圖

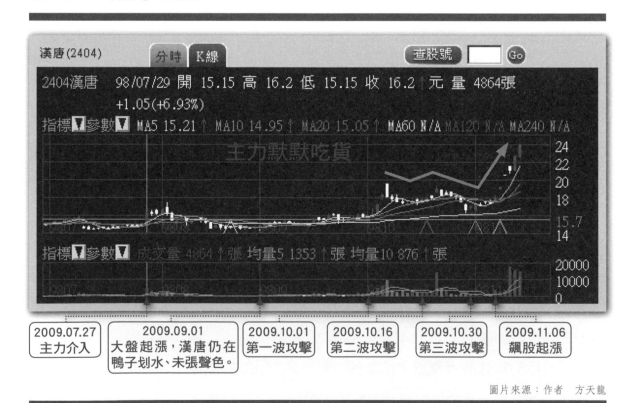

圖片來源：作者　方天龍

表6-2　漢唐的飆股追蹤：　　　　　　　　　　　　　　　　　　　製表解說：方天龍

日期	星期	畫龍點睛	收盤價	成交量	漲幅
2009.07.29	三	主力介入	16.2元	4864張	6.93%
2009.07.30.～2009.09.30.共63天，為主力的默默吃貨期					
2009.10.01	四		16元	1740張	0.95%
2009.10.02	五	從這一天起，連四紅，表示主力已吃貨完畢，主力發動第一波攻擊。	16.1元	3326張	0.63%
2009.10.05	一		17.2元	4919張	6.83%
2009.10.06	二		18.4元	5936張	6.98%
2009.10.07.～2009.10.16.　休息七天，洗一洗浮額					
2009.10.16	五		17.75元	1964張	1.72%
2009.10.19	一	從這一天起，連四紅，主力第二波進攻。	18元	2833張	1.41%
2009.10.20	二		18.05元	2105張	0.28%
2009.10.21	三		19.05元	14199張	5.54%
2009.10.22.～2009.10.29.　休息六天，洗一洗浮額					
2009.10.30	五		17元	1166張	1.8%
2009.11.02	一	從這一天起，連四紅，主力第三波進攻。	17.25元	752張	1.47%
2009.11.03	二		17.3元	552張	0.29%
2009.11.04	三		17.55元	541張	1.45%
2009.11.05.　休息一天，成交量微幅放大					
2009.11.06	五	從這一天起，連六紅，主力第四波進攻。價量俱揚，不再是小角色，從此確認了飆股的地位！最佳買點的日期是11月6日。	18元	3816張	2.86%
2009.11.09	一		19.25元	2610張	6.94%
2009.11.10	二		20.55元	3762張	6.75%
2009.11.11	三	不過，因為瞬間漲幅太大，又被證交所釘上，估計會再度休息幾天，然後重新上路。	21.15元	17777張	2.92%
2009.11.12	四		22.6元	15604張	6.86%
2009.11.13	五		24元	14763張	6.19%

重點剖析：

一、主力成本是15元左右：

　　主力在2009.07.29.介入，經過63天，到2009.10.01.開始發動攻擊，主力歷經大約兩個月的吃貨期，算是非常有耐性的。從這段期間的價格來看，主力在14.5～15.8元之間上下吃貨，平均成本價位是15元左右。

圖6-11　「加權指數」日線圖

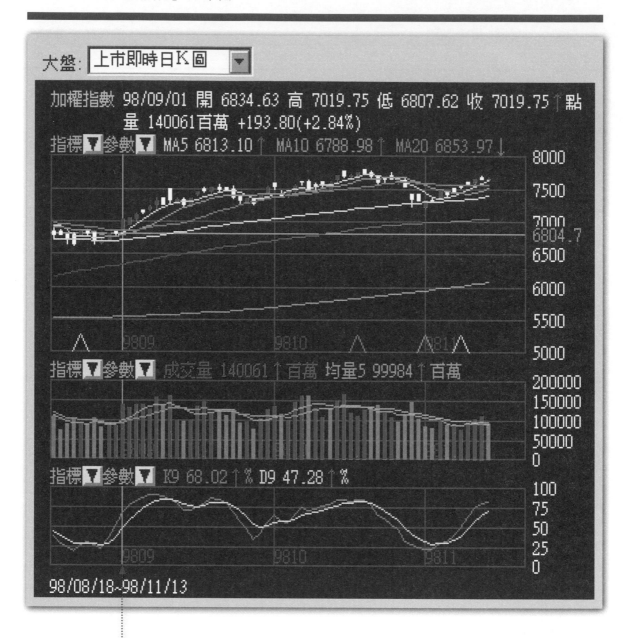

2009.09.01 這一天起,是這一波的大盤起漲點,當天成交量1400億,此後就價量齊揚,也是大多數股票的低點。然而,漢唐主力並未跟著大漲,仍在默默吃貨中。

圖片來源:作者　方天龍

二、大盤已動，漢唐仍未動：

在主力介入之後的兩個月吃貨期中，2009.09.01.這一天特別值得一提。因為這一天起，是這一波的大盤起漲點，當天集中市場的成交量1400億，比前幾天的量都有明顯擴增。同時，此後大盤就價量齊揚，就開始起漲。從事後看起來，這一天也是大多數股票的低點。

然而，這一天前後，漢唐仍然靜悄悄的，主力並不急於拉抬，所以漢唐也就沒有跟著大漲。主力仍在默默吃貨中。從這點可以證明主力的動作是「鴨子划水」，他是相當耐得住「寂寞」的。

當大盤在攻，大部分個股都已按奈不住、紛紛起漲的時候，主力的隱忍不發，果然造就了後來的強勢爆發力！

三、第四波是最佳介入時機：

散戶最投機的買進點是2009.11.06.假如當天以漲停板價（18元）買進，光從18元到24元，漲幅就有三成三了。

四、主力喜歡在星期五攻堅：

漢唐主力喜歡在星期四、五左右發動攻擊，這似乎有一種很好的作用，讓沒有股市的星期六、日，得以喘口氣。

五、操盤習性以四天一輪迴：

漢唐主力發動攻擊，都以四天為一個輪迴。在第四波的攻擊為什麼突然開始強勁的飆漲，而且不只四天呢？因為有法人介入了。

六、籌碼面近期有投信介入：

我們從籌碼面來看一看：原先法人對這檔股票並未有太多著墨，但外資在2009.11.06.曾有較大的賣超——賣出1680張。

而投信卻從2009.11.09.起至2009.11.13.連續五天大量買進，分別為837張、75張、1450張、2110張、1091張。

圖6-12 「漢唐」三大法人總匯

日期	外資	投信	自營商	單日總計	累積量
2009/11/13	354	1091	220	1665	8293
2009/11/12	88	2110	530	2728	6628
2009/11/11	-27	1450	550	1973	3900
2009/11/10	0	75	0	75	1927
2009/11/09	0	837	-8	829	1852
2009/11/06	-1680	1	0	-1679	1023
2009/11/05	-305	1	0	-304	2702
2009/11/04	-2	1	0	-1	3006
2009/11/03	-26	1	0	-25	3007
2009/11/02	13	1	0	14	3032
2009/10/30	10	0	0	10	3018
2009/10/29	34	1	0	35	3008
2009/10/28	2	-1	1	2	2973
2009/10/27	-13	1	0	-12	2971
2009/10/26	0	0	0	0	2983
2009/10/23	-22	0	0	-22	2983
2009/10/22	-312	0	3	-309	3005
2009/10/21	511	-1	1	511	3314

圖片來源：作者 方天龍

這說明什麼呢？有可能是主力把籌碼轉移給了投信，也有可能是投信自己發現了這檔股票的優點，在外資賣出之後，浮額變少了，於是就大量地把籌碼接了過來。從投信連續五天的大買超來看，已不是一日行情，具備了飆股的模式。11月13日外資再度回頭接了一些，可能是自己在賣出以後發現不對了，立刻修正追回。這時，感覺敏銳的自營商也連續跟進了三天，一點也不落後。

七、技術面呈現V形反轉：

圖6-13　這是「漢唐」的最近走勢圖

飆股型態：

股價創新低後V型反轉，加上突破缺口向上跳空，明顯趨勢向上訊號。

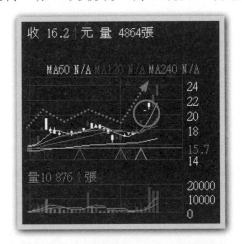

圖片來源：作者　万大龍

自從漢唐主力在第一波攻擊之後，它的走勢原本形成兩波的水平箱形的形態，尤其第二波的結束，已創新低了，原本有形成M頭的疑慮，可是主力又來了第三波的小攻擊，把股價支撐住了。第四波的攻擊，就是標準的「V形反轉」。

所謂V形反轉，就是當股價創新低之後，突然反轉向上，通常出現跳空缺口，或在K線上出現一根長紅棒。當V形反轉搭配突破缺口向上跳空（2009.11.10.全天都是一個價錢：20.55元，就是跳空），是極明顯的趨勢向上的信號，這時積極介入，是毫無問題的安全買進點。

八、證交所公告為注意股票：

　　這一檔股票在證交所2009年11月12日公告4種「注意股票」時，被列名其中之一。不過，這也不表示什麼。只表示它是一檔「飆股」而已。^_^　「槍打出頭鳥」是理所當然的，筆者分析到這裡，頂多只是告訴你，主力因為經營比較久，正常情況下應該不會這麼快就出清持股，但是當三大法人介入之後，就要小心其中有人偷跑，造成一時的下跌。

　　至於外資、投信、自營商這三者，何者是「浮額」，那就等著看吧！

　　證交所在公告時，同時也公告了漢唐的基本資料：

漢唐(2404)股票最近六個營業日累積收盤價漲幅達26.02%。且11月12日之成交量為最近六十個營業日日平均成交量之6.40倍。本日收盤價22.60元，本益比17.80，最近三年平均股利1.96元。

圖6-14　2009年12月27日漢唐走勢果然是高檔整理。

結語：

從2009.11.02.起，漢唐是一檔被筆者鎖定的飆股。

從整個K線來看，它在2009年的表現就是這一段演出特別精彩。主力分四波段攻擊，直到被證交所公告為注意股票，才停下腳步。所謂「民不與官鬥」，漢唐勢必稍作休息了。

以散戶的立場，想要佔盡便宜，最好的買進時機，便是11月6日，然後在11月13日賣出持股，獲利可觀。

筆者在2009年12月7日再度把它的走勢秀出來，它的走勢果然是高檔整理了。

範例二【漢磊】不能不會的紅三兵絕妙應用

漢磊是一支電子股。它主要是做晶圓代工。

根據漢磊公司自家的評估，在客戶投單量仍穩步擴增下，2009年11月營收將維持小幅成長態勢，續攀2009年年度單月新高，整體銷貨表現大致符合原先預期，展望2010年Q1營運，儘管元月份將進行部份設備機台的歲修，多少會影響到產能利用率表現，加上2月份因適逢農曆年節假期，銷貨天數減少勢必也會影響實際業績，惟若單就接單情況而言，2010年Q1確實並不淡。

該公司表示，儘管預期12月份因季節性因素影響，銷貨業績恐略為轉淡，惟以10、11月業績表現均維持在今年高峰水準的情況來看，預期Q4業績仍將優於Q3，成為今年度表現最好的一季。

漢磊2009年11月營收能持續衝高，主要係受惠於客戶端的手機保護元件新產品導入量產之挹注。11月業績持續成長，主要是各項消費性電子應用產品需求都還算不錯，貢獻度並未明顯集中在特定應用產品之上。

但是，法人則評估，由於中國大陸、南韓等市場需求持續熱絡，加上客戶端推出手機用保護元件新產品導入量產的挹注，順利帶動漢磊11月業績續攀2009年年度單月新高水準，初步預期漢磊11月份營運即可望實現單月轉盈目標。

以上的資訊摘錄自2009年12月4日上午媒體發布的消息，不知是否「巧合」，還是由誰「授意」，當天投信「剛好」一口氣買了2932張。

我們從下面的K線圖可以知道，橫盤四個月的漢磊，籌碼早就被吃光了。

12月3日已經是一價到底了。

何以12月4日大量換手，讓投信吃了2932張？

是共襄盛舉呢？

還是把籌碼轉給投信？

筆者不便在此多作揣測，但讀者從以下提出的資料可以看出若干有趣的事實：

圖6-15 「漢磊」三大法人總匯

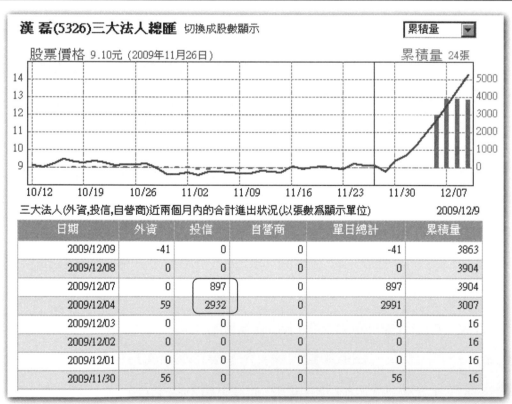

日期	外資	投信	自營商	單日總計	累積量
2009/12/09	-41	0	0	-41	3863
2009/12/08	0	0	0	0	3904
2009/12/07	0	897	0	897	3904
2009/12/04	59	2932	0	2991	3007
2009/12/03	0	0	0	0	16
2009/12/02	0	0	0	0	16
2009/12/01	0	0	0	0	16
2009/11/30	56	0	0	56	16

圖片來源：作者 方天龍

圖6-16 「漢磊」日線圖

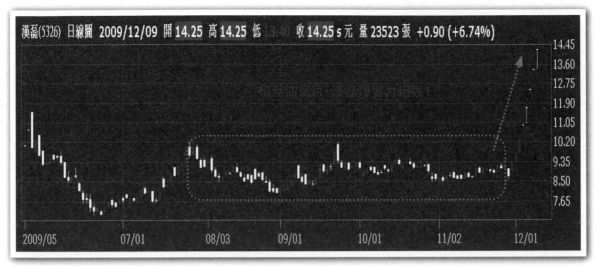

圖片來源：作者 方天龍

從技術面來看，漢磊在2009年11月30日到2009年12月2日這三天的線型，可以稱為「紅三兵」。什麼叫做「紅三兵」呢？連續三支中長紅的組合型態，隨著出現位置的不同，以及中長紅的形式，會有許多的變化。所以，紅三兵是紅三兵，仍然有強弱的差異。

舉例來說：

（一）、紅三兵如果出現在相對低檔的位置時，這檔股票有築底的機會。

（二）、紅三兵如果出現在腰部的位置，則可以測量漲幅。

（三）、紅三兵如果出現在相對高點，則有最後噴出的風險。

根據經驗，三根中長紅的開盤位置最重要，它暗示了該紅三兵型態的強弱。

如果都是跳空開高，就是跳空紅三兵，屬於最強勢；如果開平則偏弱，開低則算是最弱的型態。如果收盤價是當天最高點，那麼這檔股票後勁將非常強勁；如果上影線愈來愈長，則有氣力將盡的危機。我們用漢磊2009年11月30日～2009年12月9日的走勢，作為橫剖面，來觀察它的走勢：

日期	開盤	最高	最低	收盤	成交量	漲幅	畫龍點睛
2009.11.30	9.0	9.35	8.79	9.35	4,693	6.98%	起飆第一天
2009.12.01	9.45	9.89	9.45	9.61	6,461	2.78%	起飆第二天
2009.12.02	9.8	10.25	9.75	10.25	4,717	6.66%	起飆第三天
2009.12.03	10.95	10.95	10.95	10.95	4,045	6.83%	跳空開盤，一價到底
2009.12.04	11.7	11.7	11	11.7	22,068	6.85%	跳空開盤，可以買得到
2009.12.07	12.5	12.5	12.45	12.5	8,079	6.84%	跳空開盤，沒有低價
2009.12.08	13.35	13.35	13.35	13.35	3,521	6.8%	跳空開盤，一價到底
2009.12.09	14.25	14.25	13.4	14.25	23,523	6.74%	跳空開盤，可以買得到

圖6-17 「漢磊」日線圖

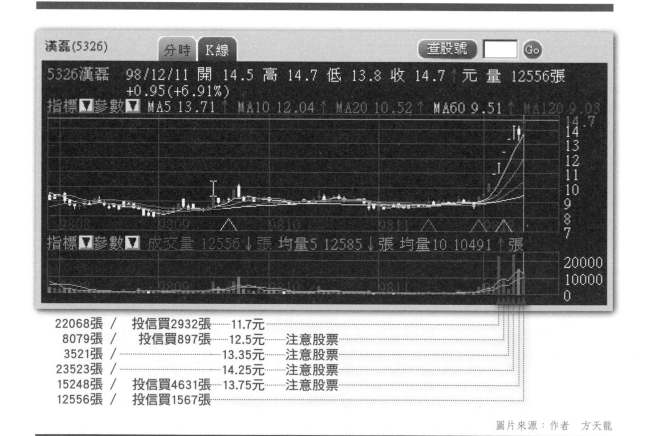

圖片來源：作者 方天龍

結語：

一、漢磊雖然前三季獲利表現普通，但11月營收創下新高，且受惠於全球景氣回溫及客戶新產品量產，本季可望出現淡季不淡，這是推升股價上漲好理由。

二、2009年12月4日星期五，漢磊的股價以漲停作收，收盤價11.7元，成交量22,068張創下近一年最大量。這是非常奇特的事。

三、經過筆者調查，漢磊在近期都是不能融資，也不能融券的，所以無法當沖。顯然是由吃貨四個月的主力那兒倒出了部分籌碼（已經賺到五個停板了）。所以，12月7日星期一，散戶絕對是可以介入搭轎子的，不過，當天已沒有低價，頂多買到12.45，否則就要以漲停板的價位去買。買到以後，就至少到兩個停板了。

四、2009年12月9日，從公開的資料看來，投信沒有再買漢磊了。那麼這一回的大量換手，是否落入散戶之手呢？不是沒有可能的，畢竟主力已經賺到8個停板了，也該稍作休息、洗洗盤。

五、投信的買賣似乎不太管官方的警示。請看本文附圖的解析即可知。

範例三【帆宣】股市必贏，關鍵機密就在量、量、量

帆宣是一支上櫃的電子股。可以融資，也可以融券。資券正常。它主要是做晶圓代工。

根據美聯社報導，帆宣2009年12月1日以市場需求改善、接獲三星電子的大單為由，將美國晶圓廠設備供應商 Mattson Technology, Inc.的投資評等由「表現與大盤一致」調高至「表現優於大盤」，目標價則上修至4美元。

Mattson Technology在1日聞訊大漲12.24%。由於產業連動的關係，帆宣的股價走勢越來越好。

2009年12月9日，帆宣的每日分時走勢圖，出現非常驚人的線型，它突然出現連續15～18筆的百張以上的大買單，一口氣把股價拉到漲停板，過程中幾乎沒有休息一下：

圖6-18 「帆宣」日線圖

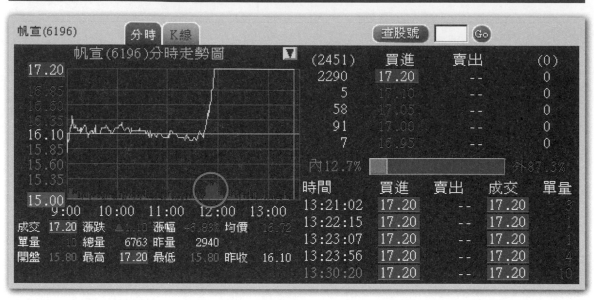

圖片來源：作者 方天龍

　　我們從帆宣的「每日交易明細」表，即可算出主力的攻堅力道。為什麼說是主力，而不是法人呢？因為我們從法人的買賣超即可看出，法人除了外資有小買之外，似乎並無太多的著墨。

　　帆宣這一支飆股，從技術面來看，已形成了三重底的格局。股價隨時有噴出的可能！

　　什麼叫做「雙重底」、「三重底」呢？

　　在技術線型上，所謂「雙重底」就是「W底」的意思。我們可以在K線圖上畫出一條頸線來，在頸線底下，畫出一個W底（經過兩次的打底）。我們可以研判出股價的趨勢向上，因為想賣股票的人也差不多賣光了，而想買的人還方興未艾，正在積極的買進。所以，一旦一檔個股（例如帆宣）出現W底之後，代表股價隨時會有向上攻堅（如帆宣2009年12月9日的大量攻堅）及噴出（一口氣拉到漲停板）的可能！

圖6-19 「帆宣」分時明細表

時間	買進價	賣出價	成交價	單量	總量
12:00:09	17.20	--	17.20	18	5746
11:59:43	17.20	--	17.20	70	5728
時間	買進價	賣出價	成交價	單量	總量
11:59:16	17.20	--	17.20	20	5658
11:58:52	17.20	--	17.20	116	5638
11:58:28	17.20	--	17.20	155	5522
11:58:02	17.20	--	17.20	173	5367
11:57:34	17.20	--	17.20	50	5194
11:57:16	17.10	17.20	17.20	474	5144
11:56:50	17.00	17.10	17.20	331	4670
11:56:23	16.95	17.00	17.10	169	4339
11:55:59	16.90	16.95	17.00	110	4170
11:55:31	16.85	16.90	16.90	73	4060
11:55:10	16.80	16.85	16.90	104	3987
11:54:44	16.80	16.85	16.85	46	3883
11:54:20	16.80	16.85	16.85	123	3837
11:53:51	16.75	16.80	16.85	148	3714
11:53:24	16.75	16.80	16.80	128	3566
11:53:04	16.70	16.75	16.80	189	3438
11:52:38	16.65	16.70	16.70	167	3249
11:52:13	16.60	16.65	16.70	108	3082
11:51:47	16.55	16.60	16.60	74	2974
11:51:21	16.50	16.60	16.60	97	2900
時間	買進價	賣出價	成交價	單量	總量
11:50:56	16.50	16.55	16.60	50	2803
11:50:33	16.40	16.50	16.55	144	2753
11:50:08	16.40	16.45	16.50	192	2609
11:49:45	16.40	16.50	16.40	105	2417
11:49:16	16.35	16.40	16.50	133	2312
11:48:52	16.35	16.40	16.40	73	2179

連續十五筆以上的大單攻堅！

圖片來源：作者　方天龍

圖6-20　「帆宣」三大法人總匯

三大法人(外資,投信,自營商)近兩個月內的合計進出狀況(以張數爲顯示單位)　　2009/12/9

日期	外資	投信	自營商	單日總計	累積量
2009/12/09	377	0	-4	373	381
2009/12/08	48	0	3	51	8
2009/12/07	68	0	-803	-735	-43
2009/12/04	-19	0	0	-19	692
2009/12/03	-67	0	-182	-249	711
2009/12/02	49	0	-210	-161	960
2009/12/01	-18	0	-269	-287	1121
2009/11/30	0	0	-239	-239	1408
2009/11/27	59	0	0	59	1647
2009/11/26	0	0	3	3	1588
2009/11/25	0	0	5	5	1585
2009/11/24	0	0	0	0	1580

圖片來源：作者　方天龍

圖6-21　「帆宣」主力進出表

量放大了　　2009/12/9

買超張數	賣超張數	買賣超	鎖定率	累積量	日期
6378	5900	478	0.29	1277	2009/12/9
2716	2640	76	0.04	799	2009/12/8
1978	2083	-105	-0.07	723	2009/12/7
629	676	-47	-0.03	828	2009/12/4
825	842	-17	-0.01	875	2009/12/3
1572	1568	4	0	892	2009/12/2
782	796	-14	-0.01	888	2009/12/1
738	743	-5	0	902	2009/11/30
841	831	10	0.01	907	2009/11/27

圖片來源：作者　方天龍

雙重底是一種明顯的「底部型態」，正如「鍋底法則」——

無論如何來到了鍋底，就跌無可跌了，只有向上走的趨勢！三重底則是更確定的向上趨勢。因為通常雙重底的第二個底，會比第一個底低點高，（有時也有一樣高）在正常的情況下，第二個底的成交量比第一個底的成交量大。

當它突破頸線時一般都會帶量突破，在股價拉回時必須不能跌破頸線才行。一旦形成「雙重底」、「三重底」，就會展開一波上漲攻勢。呈現W底時最好是在突破頸線確立後，即可買進；另外就是股價突破頸線後，如果回測頸線仍跌不下頸線，那麼就可以在頸線附近位置，再大膽加碼買進，必然是「穩賺」的居多。

圖6-22　「帆宣」日線圖

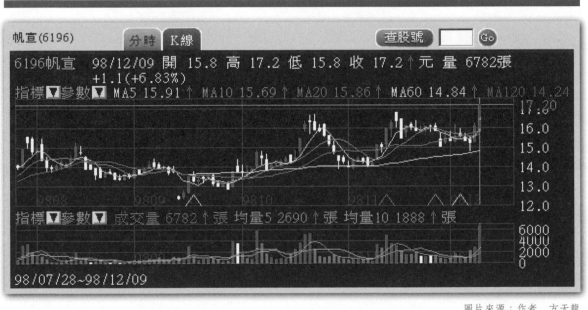

範例四【銘異】先蹲後跳，這一類的圖型非學不可

銘異是一支上市的電子股。可以融資，也可以融券。資券正常。美國微軟執行長在2009年11月初特別來到台灣訪問，談到「三螢一雲」（three Screens and a Cloud）的未來願景。而銘異也是「三螢一雲」的概念股之一。

既然也是「雲端運算」概念股的一份子，銘異也總算趕上了時髦。我們從它的相關產業景氣循環來看，它的產品正處於復甦期。

圖6-23　「銘異」相關產業景氣循環圖

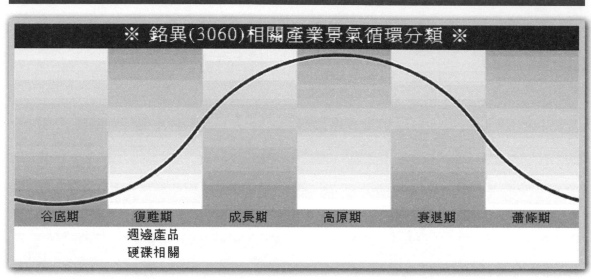

圖片來源：作者　方天龍

　　從技術面來說，銘異所以會大漲，主要是因為它已經符合「下降旗形型態」。

　　旗形型態是一種股價的整理型態。它由兩條平行的趨勢線所形成，一般可分為兩種類型：

　　（一）、上升旗形。

　　（二）、下降旗形。

　　銘異這檔股票，從2009年7月～9月之間，就是形成下降旗形的整理型態。當它的高點越來越低，而低點也越來越低時，成交量卻呈現背離，股價一旦突破上方的下降壓力線（2009年7月17日的35元），加上量能同步放大（從2009年9月2日起量能就不斷放大），下降旗形的型態就宣告完成了。

　　在多頭整理的時候，下降旗形的型態往往是一種整理過程，顯示即將大漲的前兆。

當銘異的股價線圖呈現下降旗形時，其上漲的幅度非常大，股友在選擇類似這檔的股票時，要買在突破下降支撐線的位置，回測支撐線如果不破時，甚至還可以大膽加碼買進！

圖6-24　「銘異」日線圖

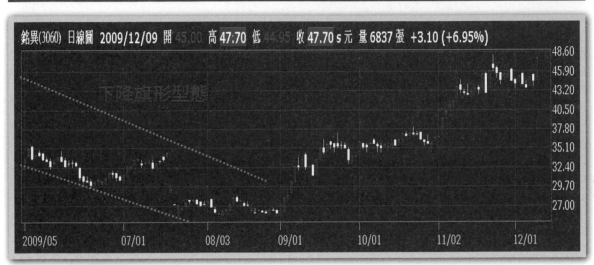

圖6-25

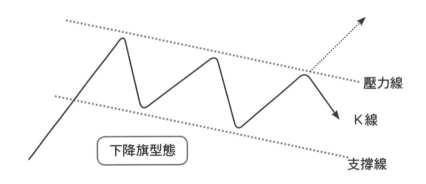

範例五【東貝】V型反轉，肥美行情必有的好聽故事

東貝是上市電子股，主營賣光電元件。可以融資，也可以融券。資券正常。

圖6-26 「東貝」日線圖

股票通常會在三種情況下出現V形反轉，一是政府或公司公布重大利多訊息，二是出現重大非經濟消息而利空出盡；三是主力或公司介入強力拉抬。通常第一種都會導致市場法人與散戶來不及反應，進而出現非常瘋狂追價買盤，因而出現標準的V形反轉。

當股價創新低之後，第二天突然反轉向上，通常出現跳空缺口，或者吃掉前面幾日的跌幅，這種僅有一個低點的反轉訊號，由於形狀很像一個V字，所以稱為V形反轉。V形反轉一出現，通常也會出現很大的漲幅。

試看東貝，2008年11月20日的開盤價是7.33，最高價是7.48，最低是7.35，收盤是7.35，量是933張；11月21日的開盤價是6.84，最高價是7.86，最低是6.84，收盤是7.86，量1091張。東貝在股價創新低之後，於K線上出現一根長紅棒，這是使它反轉股價命運的關鍵！

CHAPTER 7

飆股揭密六／
軋空

軋空猶如一趟順風車，
消極面來說，
投資人別在關鍵時刻站錯方向；
積極面來說，
等於輕輕鬆鬆的賺到別人為你拉抬的行情。

細說「軋空」，
有時是股價漲不停的原因

俄國一個犯人知道監獄裡的信件都會事先被篩檢，心裡雖然不滿，但也沒辦法。有一天他收到老婆寄來有關家中花園的信，信上寫著：「親愛的，我們什麼時候種馬鈴薯呢？」於是，他利用這個機會，在回信中寫著：「千萬記住！不論在任何情況下，都絕對不能挖開花園裡的任何一吋土。因為我把所有的槍都埋在那地底下，我也沒辦法告訴你它的正確位置。」幾天後老婆回信並氣急敗壞地說：「可惡！前天家中來了六個調查員，宣稱家後院裡有違禁品，於是強硬地把每一吋土地都挖遍了！」她老公回信寫著：「真感激他們的幫忙！現在，土既然已經挖鬆可以種馬鈴薯了。」

這故事用在股市裡，正好可以比擬軋空行情。多頭就是利用四兩撥千金、藉力使力的方式，逼著空方回補股票，就等於是讓敵人來幫助自己攻下堡壘。那股價豈能不飆漲？

先來說一個「被軋空」卻死不認錯的故事

　　當台股的大盤看跌不跌、指數一直創下波段新高的時候，常常引來空頭融券放空更乖張的氣焰，市場軋空氣氛也跟著升高。有時候，主力會運用誘空的手法，軋死融券戶，使行情一直往上漲個沒完沒了。這時就會出現幾檔飆股。

　　如果搭到這種飆股列車，可說「幸福得不得了」！

　　不過，也有人因為不了解情況，在誘空的情況下仍非常「鐵齒」，最後是「衰得不得了」。因為他們以為「樹，再怎麼高，也高不過天！怎麼上來，就會怎麼下去。」所以就固執地認為放空、放空、繼續放空，總有一次是對的。在尋找飆股的過程中，我們不能不把某些特別強悍的「軋空」力道考慮進去。這種軋空力道是「四兩撥千斤」的，多方一旦氣勢已成，就能以逸待勞，輕輕鬆鬆把股價帶上去了。

　　忘了是幾年前，但令筆者印象特別深刻的是「矽統」（代碼：2363）這一檔股票，就是呈現如此經典的軋空狀況。重新審閱本書時，我在2014年11月17日，終於找到這一段日子了，記得是一位帥哥型的年輕投顧老師拚命叫他的會員放空，結果這一檔個股卻一直反向上漲。他發現不對，並未及時回頭，卻又叫新會員繼續空它，心想「這麼高了，總該下來了吧！」沒想到股價還是不下來，結果這位自稱非常了解電子產業背景的投顧老師，從23.1元被軋到41.7元左右，還不肯叫停。會員無不痛恨不已。

　　這就是缺乏實戰經驗的老師，認為自己曾在電子業待過，就可以穩操勝券。其實他的指揮完全是一種賭博，猜不對，繼續拗更大資本，結果難免賠上一屁股。筆者為什麼印象這麼深刻呢？因為我還曾陪一位朋友去把會費中止，退出會員行列。這人臉皮還真厚，記得不久之後，竟敢繼續站在電視上繼續放言高論，就像啥事也沒發生。

　　請看圖7-1，現在想起來，覺得投顧老師完全沒有實戰經驗，技術分析的能力也太差了。光靠一張帥哥的臉，就吸引了一堆粉絲，也太容易了。其實我們從當

年這一張日線圖就看出毛病了。問題就在「券資比」太高了，而且KD值也已邁入「超買區」。

在「券資比」太高、KD值也已邁入「超買區」時，就得小心被軋空。

首先，我們來看，2001年10月22日的券資比已經72.55%了，2001年10月29日券資比更高達72.99%，這是非常高的數據，尤其在整體氣氛是多頭的時候，更不該對這一檔個股放空。

當然，不是每個投顧老師都這麼菜，這只是一個「軋空」的真實案例而已。這位投顧老師現在如果仍還在市場上，應該學一點籌碼面的知識，從籌碼面加以研究，更容易掌握一切訊息，根本不可能有被軋幾十元還渾然不覺的可能，被套比被軋空值得原諒。

因為台股做多的人比做空的人還是多一點。

請看圖7-3，我們從那段時日的大盤表現，也證明那是一段多頭的日子，在多頭時期放空個股，若無特別因素，都是錯誤的操盤方法。

圖7-1 這是2001年10月發生的投顧老師慘遭「矽統」軋空的經典案例。

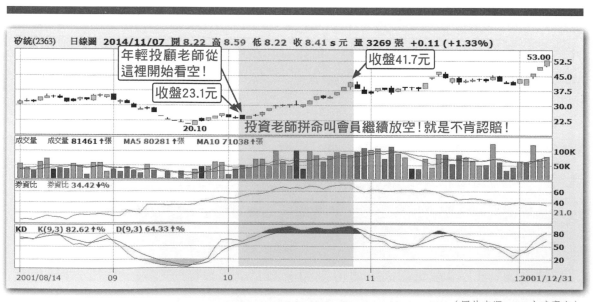

（圖片來源：XQ全球贏家）

圖7-2 投顧會員從23元接獲放空指令結果哀鴻遍野，如不退出可能被軋到62元。

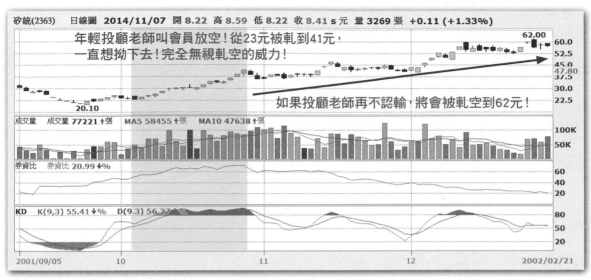

（圖片來源：XQ全球贏家）

圖7-3 2001年10月是一段多頭行情，在多頭時期放空個股，是錯誤的操盤方法。

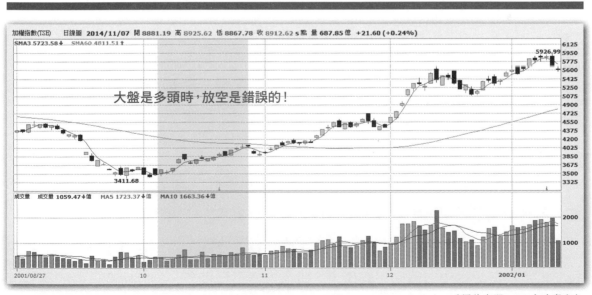

（圖片來源：XQ全球贏家）

「軋空」是什麼呢？

軋空是主力依市場預期回檔心理，對付空頭所使出來的陷阱。主力操作股票拉升到相當幅度時，會回檔讓短多客出場，蓄勢再發動另一波行情，軋空就是針對這種預期心理，設下陷阱讓空頭跳進去後，主力再一路拉高股價，使空頭慘遭損失。

台股在重跌之後，往往會有一段軋空行情。

當融券餘額已來到逼臨百萬張高水位的時候，股價往往會創新高，因為這時我們將會發現，融資餘額也在那時創下新高，凸顯多頭藉由融資擴大買超，以及空方藉由融券摜壓的廝殺拉鋸戰鬥更顯激烈。即使融券居高不下，盤勢也不願修正回檔，眼看著股價不斷創波段新高，9成以上的融券放空投資人，莫不面臨「被軋」賠錢的痛苦。這就是「軋空」的氣氛已經形成！

有一次，盈餘或資本公積轉增資的增資新股，8成以上已發放到股東手上，僅剩各上市櫃公司發行的可轉債，轉換成普通新股的賣壓，但檢視這些可轉債籌碼，多半被大股東或法人吸走，因此，以逼近百萬張融券的空單水位看，「實空」券單的比重相當高，換言之，這些空單面臨股價不斷墊高的軋空壓力愈來愈高，尤其是外資仍持續站在買超台股行列，更是增添台股軋空行情的動力。

這時，我們要找的股票就是券資比高的股票。

至於是否具有軋空行情，需看大盤氣勢。依筆者看：

一、個股的軋空行情，不是沒有，但那都是主力、金主結合特殊權威人物（指有影響力者）的結果。但經過多次主管單位的調查、緝捕之後，目前「炒作」的空間已經沒有了，聯合炒作的可能性也已經降低了。

二、為什麼說聯合炒作的可能性也已經降低了呢？因為主力被抓的抓、逃的逃，所剩無幾了。何況不熟的人聯合炒作常常爾虞我詐，成功率不高。

三、股票融資比例太高，股價就會下跌。為什麼呢？因為融資比例太高，顯示股票大都在散戶手中，籌碼不夠穩定，股價自然不易攀升。因此研究個股的籌碼流向，就成為掌握個股動向的重要指標之一。

細說「誘空」，
循10條線索找飆股

信用交易盤一向是股市中最激烈的戰場！股價下跌時，融資戶必須天天面臨擔保品追繳以及強制賣出的壓力；同樣的，股價上漲時，融券戶也必須承受融券保證金追繳的壓力，假如又不肯認賠回補，一旦這類融券大增的股票進入「無量大漲」的階段，將面對補不到股票的窘境。

當遭逢這種具有閉鎖效果的籌碼戰時，就要看看多空的力道誰強了。

通常主力會在低價時不斷吸納籌碼，配合股票本質和散戶跟進習性，選擇長期抗戰或打帶跑的策略，逐漸將股票炒熱或作高，最後在高檔行情中出脫籌碼，達到賺錢的目的。

其中，如何順利出脫就是值得投資人深究的一門學問。常見的主力出貨手法有「拉高出貨」和「壓低出貨」兩種，前者是在拉高股價的過程中，分批賣出，此時股價回檔幅度通常不大，使得想要上轎的散戶以為買到的是低價，如此便可順利將籌碼出脫給散戶；但是如果市場出現疑慮而產生賣壓，則主力便會吸收部分籌碼再

讓股價回升，以穩定市場人心，如此出多進少幾次後，還是可以達到釋出籌碼的目的。

後者剛好相反，一旦股價到達預期的高點後，主力透過幾次大量震盪後，就已經出脫主要籌碼，獲利了結，至於剩餘的少數籌碼，通常就會直接如數釋出，使股價直線下滑，以無反彈、無盤整的姿態完成出貨。而這兩種出貨方式都是利用散戶喜歡追高以及搶反彈的心理操作。

至於市場盛行的個股融券張數與股價相互伴隨增加，正是主力利用市場預期回檔的心理，對付融券投資人的作法；所謂「融券戶被迫回補」行情，就是心態偏空的投資人融券賣出後，股價不跌反而一路上升，迫使融券戶用高價買回股票。

首先，主力會先誘使投資人融券賣出，例如在市場行情不佳時，主力會拉高「流通籌碼少或是業績較差」的股票價位，而使原本在空頭市場做多受傷的投資人，發現做空比較容易獲利，於是考量價差利潤之下，選擇融券賣出這類股票。

圖7-4　「陽程」在2013年3月有一次「軋空秀」，飆股就是如此產生。

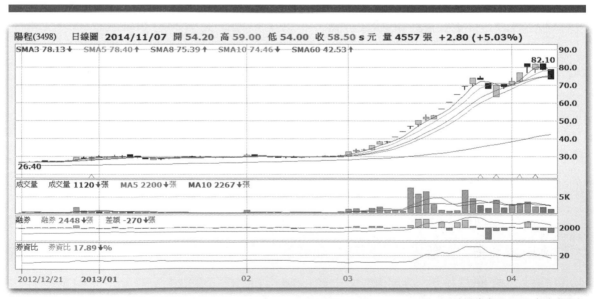

（圖片來源：XQ全球贏家）

等誘到空單出現後，主力則可能採取兩種動作：一是大幅逆勢拉抬股價，加大空單成本與市價差距，使得不願追繳保證金者決定停損，回補買進出場，於是又更增加市場的追價買盤，若加上強勢股所引發的市場買盤，形成強大追價力道；二是藉由召開股東會、除權、現金增資等，造成市場空單必須先回補，構成融券回補行情的條件。

請看圖7-4，「陽程」（3498）在2013年3月有一次「軋空秀」，融券張數不斷增加，券資比也慢慢提高，看成交量爆量而融券和股價卻居高不下就知道，飆股就是如此產生。

循10條線索找飆股

進一步觀察，根據自有信用交易以來統計顯示，融券回補行情表現在資券變化的模式通常剛開始是資減券增，因為主力拉高股價多用自有資金或丙種融資，而散戶大多是有獲利就賣，同樣造成融資減少，一旦出現主力逆勢拉抬某檔股票、醞釀融券回補行情時，散戶反而認為這檔股票沒理由漲，便會去融券賣出這檔股票，形成融券張數增加。

接下來出現「資增券增」的情況，當主力拉高的股價直漲，技術線型便逐漸轉為強勢，連帶吸引融資買盤增加，但之前空單仍存在，加上又有人加入融券賣出漲幅過大的熱門股，融券也持續增加；通常這時市場多空交戰激烈，股價上漲速度相當快。

不久，融券者發現這檔股價一直不下跌，開始面臨保證金追繳壓力，另方面，市場上還有其他股票在漲，所以既然融資比較容易獲利，於是會回補並做多其他股票，進入第三階段的資增券減。到最後，連最看壞後市的空頭也買進，市場買盤逐漸告一段落，多頭買進者發現已無人跟進，於是開始賣出，形成「資減券減」，而當人氣退潮，融券回補行情就算結束。

整體來說，在必須先誘出融券賣單的前提下，主力選定醞釀「融券回補」行情

的對象，通常是資本規模較小、流動籌碼有限，或是業績表現不是很突出的股票，來誘使丙種釋出大戶墊款質押的股票以及公司董監事私下賣出的股份，並吸收空頭持有的籌碼。

因此，這類具有可誘出空單題材的股票，便是一般投資人，尤其是心態偏空的融券戶需要特別留意的。

至於如何利用誘空時，窺知黑馬股呢？大致可從以下十大題材去尋找：

（一）、大環境不佳卻上漲的逆勢股

空頭市場中，出現愈來愈多因融券賣出而獲利的投資人，於是有更多人跟進，而當大多數股票都在下跌時，那些逆勢上漲的某幾檔股票，就成為另一波融券賣出的對象。但其實這類逆勢股並不一定是業績基本面特別差的，只是市場比價心態的結果。

（二）、帶量跌破線型支撐股

當某檔個股盤整一段時間之後，技術面突然出現量大、收黑並破底的情況，也就是帶量跌破支撐線的走勢，此時如果主力適時放出虧損或財務危機等利空消息，在線型居於弱勢、基本面也不佳的態勢下，就會使認為融券賣出有利可圖的投資人逐漸變多。

（三）、投資人誤判業績具爆發性的成長股

部份個股初漲時，因為其基本面景氣尚未明顯翻升，無法獲得多數投資人認同，而出現融券賣出，但事實上，該公司產業景氣可能確實好轉，這將使得眾多在股價上漲初期即融券賣出者，必須在追繳保證金與回補之間做抉擇。

（四）、公司虧損股價卻抗跌者

理論上，公司營運虧損，股價應該會沒有基本面支撐而下跌，如果有心醞釀融券回補行情者介入，應會先讓這檔股票下跌，在市場上塑造一種股價繼續下跌無擋的錯覺，引起偏空者融券賣出，一旦誘到夠多空單，具有被迫回補條件後，主力便再逆勢拉抬股價。

（五）、公司出現經營權之爭

出現經營權之爭的公司，一開始因為公司派和市場派都不願放棄經營權而積極搶單，造成該公司股價超漲，市場上就出現融券賣出者，不料雙方還繼續僵持不下，股價更向上飆漲，等到有一邊放棄退出時，其實出貨的對象還是融券戶。

（六）、公司派心態偏多、漲勢長而久者

具有公司派積極偏多特質的個股，股價很容易出現強勢上漲，隨著漲升幅度的增加，市場融券者也越來越多，但往往最後股價還是繼續上升，造成持續融券賣出的投資人嚴重虧損。

（七）、券資比過高引來順勢操作

有些股票原本並沒有蓄意營造融券被迫回補行情，不過，當個股券資比超過30％以上，就可能引起主力注意，再加上作多專挑強勢股、作空專挑弱勢股的業內也會參與，便形成迅速的籌碼閉鎖、股價上漲行情。

（八）、技術指標高檔鈍化股

通常技術指標位於高檔時會出現鈍化，因此，很多人會將技術指標出現鈍化的股票歸為超漲股，於是這些股票就成為融券賣出的對象，而主力很容易利用這種理所當然的觀念營造假像，誘出空單。

（九）、股價超越合理本益比者

同樣的，股票只要漲勢過猛，股價已經高出合理本益比的評估之外，這時也會引來空單，融券一增加，隱藏在其背後的就是另一波融券回補的行情。

（十）、上漲過程中出現異常量或資券變化者

如果一檔個股直接跳空漲停鎖住，很多人想買還買不到，並不會吸引投資人融券賣出，除非漲停快要打開時，才會引發投資人融券作空。例如原本個股融資使用率高達九成，一般認為這種股票籌碼較凌亂，如果出現帶量上攻的情況，則會以為是主力出貨而去融券賣出，結果才知不過是融資戶頭轉帳到現金戶頭、現金償還或是轉帳後賣出，造成融資使用率從九成降到四、五成。

軋空出擊範例：
「萬潤」２個月賺一倍

　　融券放空雖然有機會帶來大幅的獲利，但它不像買進現股，若套牢可長期保留，因為融券有契約到期強迫回補日，以及平盤以下不得放空的限制，加上還有信用交易的資金成本，與做多相較下，放空的風險與難度更高，投資人蒙受損失的機率也將大幅提升，這裏歸納出融券放空必須注意的幾種現象：

（一）、要懂「融券限額」：

　　融券限額是指任何一家成為信用交易的上市公司，其融資及融券上限張數為上市公司資本額的25%，舉例來說，若華碩股本為197.69億元，上市股票則有197.69萬張，上限張數為49萬餘張，超過此限額則不得再融券。

（二）、要知道哪些股票不能融券：

　　並非每種股票都可融券交易，一般股票上市一定要滿半年，且每股淨值在票面以上，經過主管機關公告為融資融券交易才行。不過值得注意的是，有些股票波動過大、股權過度集中或成交量異常，主管單位會公告該股暫停融資融券交易。

（三）、分辨是換手量還是出貨量：

投資人在放空後，股票下跌時，可以依技術指標的回補訊號，將融券回補。另外，當股票成交量出現天量時，投資人應觀察三、五天確定是否為出貨量，再行放空，因為若為主力換手量，空方容易因股價續漲被軋空。

（四）、放空要避開股本過小的個股：

通常股本小於15億元以下的個股，就算基本面不佳，但由於籌碼較為集中，因此藉由「軋空」題材拉抬漲幅的機率大，因此風險也相對大增。當融券逐日量增，股價卻不跌，代表有心人士在吸納籌碼，投資人需注意後勢大幅回升機率。接近融券強迫回補日時，個股若被有心人士惡意拉抬，將導致融券投資人不得不以高價回補的情況。

我的短線犀利選股法寶大公開

以下是筆者作小波段交易選擇「做多」買點的幾個秘訣：

B 先找出股價在季線以上的股票。

C 再找出籌碼在大戶手上，而不是散戶手上的股票。

D 當股價的SMA3、SMA5、SMA8三線合一時，密切注意買點。

E 當以上三條均線向上叉開，且量又擴增時，準備買進。

F 量能擴增為五日均量的1.5倍以上，又即將亮燈漲停時，立刻買進！

舉例來說，「萬潤」（6187）在2014年2月5日，便是具備了以上5個條件，遂成了波段的最佳買點。這個買點，事後證明是成功的。因為它在短短兩個月內就產生過五、六支漲停板，堪稱飆股。同時，由於股東會前會有「融券強迫回補」（融券最後回補日：2014年4月3日）的軋空機會，所以它的股價在短短兩個月就漲了一倍！這是短線選股最犀利的密技了！

這裡要解釋一下，如何找出「籌碼在大戶手上，而不是散戶手上」的股票呢？可以從「集保所」（TDCC，台灣集中保管結算所）的網頁（https://www.tdcc.com.

tw/）去找資料。

「集保所」每個月月初會公布上個月的「股權分散資料」，揭露了每檔個股的15階層股東持股變化，其公布時間雖然較晚，但卻能顯示大股東的長期持股變化。我們透過這些數據的增減，就可以知道股票流向大股東手上，還是落入小股東的手中。所以，每個月觀察這個數字，有助於提高勝率。

我們從2014年4月1日出爐的「萬潤股份有限公司　集保戶股權分散表」，就可以看出，「萬潤」股票的股權幾乎都集中在富人的手上。因為「持股分級」中，持股有1,000張以上的大戶，竟然多達48%！換句話說，萬潤的籌碼是落在富人的手上。

圖7-5　萬潤股份有限公司 集保戶股權分散表　資料日期：103年04月01日

序號	持股分級	人 數	股 數	佔集保庫存數比例 (%)
1	1-999	3,486	225,258	0.27
2	1,000-5,000	1,935	4,084,688	5.06
3	5,001-10,000	310	2,521,709	3.12
4	10,001-15,000	77	987,821	1.22
5	15,001-20,000	83	1,568,968	1.94
6	20,001-30,000	71	1,827,802	2.26
7	30,001-40,000	36	1,302,022	1.61
8	40,001-50,000	31	1,462,943	1.81
9	50,001-100,000	52	3,781,719	4.68
10	100,001-200,000	40	5,756,585	7.13
11	200,001-400,000	31	8,753,114	10.84
12	400,001-600,000	6	3,143,928	3.89
13	600,001-800,000	5	3,719,826	4.60
14	800,001-1,000,000	3	2,545,662	3.15
15	1,000,001以上	11	39,041,857	48.36
	合 計	6,177	80,723,902	100.00

（資料來源：台灣集中保管結算所）

圖7-6　萬潤的最佳買點是2014年2月5日。

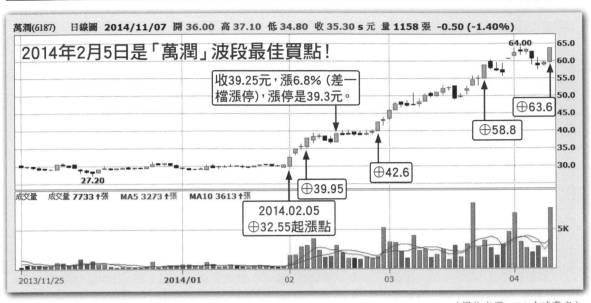

（圖片來源：XQ全球贏家）

融券最後回補日，就是多頭最後賣出日

那麼，短線操作如何選擇賣點呢？一般來說，一檔股票經過「融券最後回補日」，就沒有軋空力道了，甚至會引起「多殺多」。所以，「融券最後回補日」其實是「多頭最後賣出日」，因為過了這天，通常短期內就沒有高點了！既然如此，停資停券之後的開放融資融券日，就是放空的良機。

再以「萬潤」為例，2014年4月10日是它的融資融券開放首日。由於在停資三天（4月7到9日）、停券五天（4月2日到9日）之後，價量齊揚股價再度攻上漲停板。但不要以為這檔股票又要繼續飆，相反的反而應該反手放空！理由如下：

❶ 從起漲點和目前（2014.4.10）股價比較、評估，股價已高，乖離率過大。

❷「籌碼在大戶手上，而不是散戶手上的股票。」這樣的統計，是來自2014年3月份的證交所資料，不代表4月份的結果。這種統計數字有時間上的落差。

❸「融券強迫回補」之後，代表散戶的融資已不再追高。

❹ 開放融資融券首日(4.10）股價雖攻漲停，惟融券籌碼已大量悄悄介入。

❺ 從4.10開始融券額子天天增加，券資比也高升，但無法軋空股價就潰敗！

所謂「短線操作」，就是從大趨勢中去畫分小趨勢，從主要趨勢中去找次要趨勢，該多則多，該空則空。懂得分辨股價背後的故事，就知道劇情將會怎麼走！

表7-1　「券資比」節節高升，卻無軋空力道，股價就易跌難漲了。　　製表：方天龍

	融資增減	融券增減	券資比	股價
4月10日	＋523張	＋433張	4.83%	63.6
4月11日	－277張	＋79張	5.9%	62
4月14日	－25張	＋225張	8.51%	58.5
4月15日	＋112張	＋172張	10.37%	58.6
4月16日	＋80張	＋53張	10.87%	58.1
4月17日	＋51張	＋10張	10.92%	57.9
4月18日	－83張	＋30張	11.36%	55.5
4月21日	－106張	＋86張	12.49%	57
4月22日	＋102張	0張	12.35%	57.9
4月23日	＋94張	－36張	11.81%	55.5
4月24日	－13張	－21張	11.59%	55
4月25日	－714張	－163張	10.61%	51.7

圖7-7　2014年4月10日是短線放空或賣出的好機會。

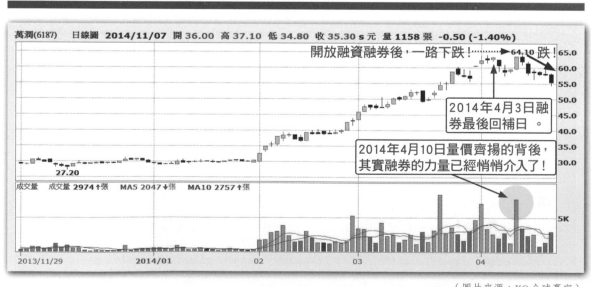

（圖片來源：XQ全球贏家）

CHAPTER

8

飆股揭密七／
出奇致勝

二線股、
營收創新高股、
小型股、
低價股，
各有各自經營股價的套路，
想成為一個專業投資人不可不知。

二線股／
長線經營金玉滿堂

　　在股市裡誰最會賺錢呢？不用說，當然是從100美元開始、只花40年，就把資產變成429億美元的巴菲特了！香港也有一位「股神」曹仁超，以5000港元進入股市，歷經40年股海浮沉，如今也已晉升億萬富豪行列了。他兩度一貧如洗，最後身家兩億，實現4萬倍投資增值的願景，靠的也是股市智慧。據說曹富翁為了把炒股「當一回事」，每天工作12小時以上，包括5小時收集、勤讀全球經濟資訊、評論和研究文章。透過大量閱讀和吸收，培養了高明的判斷力。

　　能堅持40年，是不簡單的，毅力不下於巴菲特！筆者特地花了一些時間去研究曹先生的曹股（炒股）策略。原來曹仁超認為，對於資金有限的散戶來說，一定要集中火力，才有機會賺大錢。他經典的幾句話是：「止蝕唔止賺、溝上唔溝落（買漲不買跌）、寧買當頭起、莫買當頭跌。追漲唔買跌，止蝕唔止賺」等。他的意思是，只有買漲（即已經賺錢的股票）才能繼續賺錢，而買跌（已經虧損的股票）的話可能虧得更多。他的理論具體來說，就是「任何項目上升10％～15％是

買進時機，任何項目由高價回落10％～15％是最佳獲利回吐時刻。」

「停損」與「停利」對於一般老手來說，絕對「英雄所見略同」，沒什麼差異。然而，比較特殊的是，曹仁超常挑選極具增長潛力的二線股，眼光應放在3至6個月內的投資，這使他獲利相當豐盛，也是出奇制勝的地方！值得學習。

二線被錯殺的委屈股，會有「報復性反彈」

二線股是什麼呢？先說一線股，通常一線股是指股票市場上價格較高的一類股票。這些股票業績優良或具有良好的發展前景，股價領先於其他股票。大致上來說，台股一線股等同於績優股或大陸所說的藍籌股（即台灣的高權值股）。台灣的高成長股（例如某些績優的高科技股），讓投資者對其發展前景充滿憧憬、所以也位於一線股之列。通常一線股享有良好的市場聲譽，不僅為廣大中小投資者所熟知，也被外國投資機構所注意。

二線股是價格中等的股票。這類股票在市場上數量最多。二線股的業績參差不齊，但從整體上看，它們的業績也和股價一樣，在全體上市公司中居於中游地位。

此外還有三線股。三線股是指價格低廉的股票，也叫「雞蛋水餃股」。這些公司大多業績不好，有的已到虧損纍纍的境地。部分上市公司因為發行量太大，或是屬於夕陽行業，缺乏高速增長的可能，如今已難塑造出好的投資概念來吸引投資人。這些公司雖然業績尚可，但股價卻低迷不振，所以被投資人歸類為三線股。

好公司固然較易被社會認同，卻不一定等於好股票。相反的一般人眼中的「壞公司」，尤其是所謂的二、三線股只要有「轉機」，還有可能是真正的好股票。

投資轉機股，表面上賺錢勝算很大，但大部份人的死穴，偏偏都是欠缺耐性及信心，根本不適合冒險。所以，穩健的投資人通常會減低二線股的比重，以免危險。不過高手都認為「富貴險中求」，只要確認基本面沒問題股價早晚不會寂寞。

從二線股找飆股，最重要的理念就是要挑選「別人未來還可能繼續買的股票」，這樣就比較有上漲空間。例如一檔股票多年來都是虧錢的，市場對它幾乎已

沒興趣了，但是經過你自己研究後，發現原來該公司因某項新業務或新商品經營得好，已開始賺錢，而市場卻還沒有察覺。這樣的股票，肯定會成為飆股！因為等到市場一察覺這項利多，資金便會重新投入這支股票，引爆行情上漲。這時，你早已握有低價買的該檔股票，並安享他人高價抬轎了！

若用「公司價值」和「股票價格」比較，公司價值是80分，但股價卻已高達100分，投資風險就大了；而如果另一間公司的價值雖然只有60分，但股票價格卻跌到剩30分，它未來的上漲潛力就比第一家公司還高。因此，一些股本小、成交量低、又被法人錯殺，造成股價重挫的二、三線股，反而會是未來的飆股。

買好公司的股票，投資人很容易下手，但要買一間獲利衰退或是行業較冷門的公司股票，投資人多半會「怕怕」。所以要從這類公司中挑股，要先檢視：

一、如果這家公司獲利衰退，但它有沒有能力捱過金融風暴？

從資產負債表看，只要公司規模夠大、手上現金夠多，就代表有能力在風暴過後捲土重來。

二、如果一年後經濟風平浪靜，這家公司會不會恢復往年的獲利水準？

這就要觀察公司本身產品與價格的競爭力，以及多快能再取得訂單。

三、如果這家公司有辦法恢復往年的獲利水準，那麼現在它的股價算是便宜還是貴？

這必須從EPS、PEG等投資指標來研判了。

其實，在台股上市、上櫃的公司中，也有很多被市場棄如敝屣的公司，都符合這三個條件。先把它們挑出來，再經過一、前波漲幅不大；二、低價；三、未來極有展望等特色加以篩選，在這些特色中凸顯出來的股票，就是值得一買的飆股。

不過，要買這類二、三線股也有學問。凡是篩選出這類有基本因素支持的股票之後，不妨這樣操作：在股價未啟動時，先買進一小部分股票做為觀察，當發現它的股價啟動了，就立刻加碼。只要股價離你評估的目標價還有一定的水位，即使股票已經上漲了一半，還是要不停地加碼，如此才會做到大賺小賠、穩操勝券。

營收創新高股／
用一年漲7倍的「單井」做說明

　　評斷一家公司的良窳，是每位投資人都應該耐著性子、好好用心讀懂的一門功課。年報不只可以讓你找到投資機會，還可以學會公司老闆做生意的氣度與視野，從而看出這家公司到底好不好、值不值得押寶？

　　我們雖然沒有內線消息，但從報紙上的資訊，也一樣可以取得若干蛛絲馬跡，因為財經記者就等於是你的「跑腿」。畢竟，相對於小道消息的「野史」來說，年報是可信度比較高的「正史」。讀完後，再與其他相關的新聞做比較判斷，就可以得出比較真實的情況了。

　　2014年以來，台股有一檔股票從年初，就一直飆到十月初，股價從1月2日的收盤價25.85元，飆到10月2日的178元，漲幅近7倍。真可謂各方看好！這檔股票是「單井」（3490）。

　　什麼理由飆漲呢？為什麼到了11月份中似乎仍飆勁十足呢？因為單井（3490）的10月營收再創歷史新高，年增6.7倍，第3季預估每股可賺到4元，本益

比偏低。

單井成立於1989年7月，主攻模具及自動化設備製造，產品涵蓋LED、光耦合器、半導體封裝及整流二極體等光電封裝設備及模具，以LED模具為最大宗，客戶涵蓋億光、光寶等大廠。它的股本只有4.5億，本來就容易飆漲，何況它過去幾年多半穩健獲利。但由於產品組合複雜，加上設備與模具屬成熟產業，且鮮少舉辦法說會，因此市場對其相當陌生，並非股性活潑個股，單日成交量多低於1,000張，有時甚至不到500張。

2013年單井辦理現金增資與發行可轉換公司債後，起了化學變化。由於當時現增採洽特定人方式，外界推測是引進策略聯盟夥伴，雖然當時單井的業績尚無起色，但宣布增資後，股價在短期內便上揚逾二成。

單井股價悄悄起漲後，基本面也開始大幅躍進。單井先前每月營收約介於3,000萬到8,000萬元，今年6月一口氣跳升至2億元以上，7月營收持續維持2億元以上高檔；第2季獲利更呈現倍數成長，單季每股純益1.79元，遠優於過往單季約0.5元的水準。有了基本面當後盾，單井逐漸受到市場關注，外資也開始捧場，帶動股價價量俱揚，每天成交量都維持在2,000張左右。

單井的股價大漲，引起市場關注。該公司2014年6月起營收大增，主要受惠於太陽能面板耕耘日本市場開花結果，由於這是長期訂單，因此未來單月營收逾2億元將會是常態。

我們看圖8-2~圖8-4，可以看出數據顯示營收不錯。不過，外界曾經表示好奇，因為目前太陽能市況並不好，以太陽能業務為本業，而且主要營運重心也在日本的茂迪、新日光等業者，獲利並無特別突出，為何單井的太陽能業績能一枝獨秀？據說日本市場非常難打，單井是靠著八、九年前在日本銷售LED設備與模具的利基，才能在短期內獲得好成績。單井太陽能產品是模組加上安裝，應用於家用，並將電力賣給電力公司，毛利率高達30%至40%。

圖8-1　「單井」2014年1-10月漲幅近7倍。

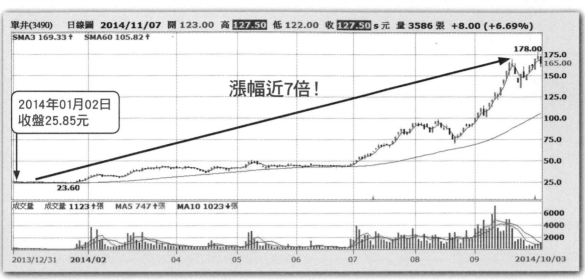

（圖片來源：XQ全球贏家）

圖8-2　「單井」合併年度營收走勢圖。

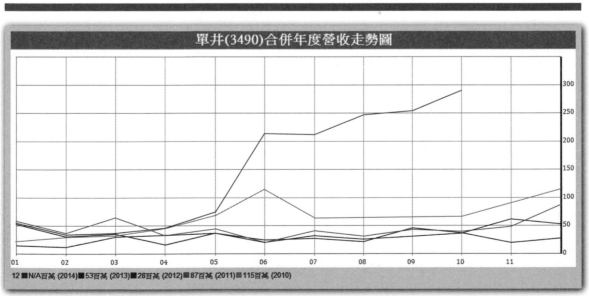

（圖片來源：XQ全球贏家）

圖8-3　「單井」的經營績效圖。

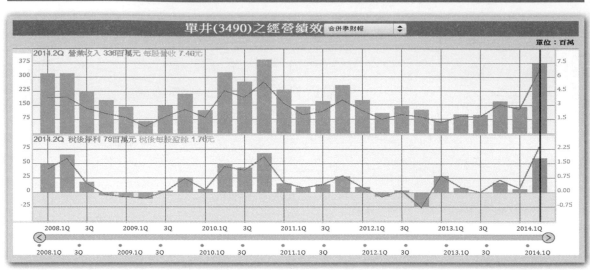

（圖片來源：XQ全球贏家）

圖8-4　「單井」的合併年度營收。

年/月	營業收入	月增率	去年同期	年增率	累計營收	年增率
2014/10	289,820	14.63%	37,222	678.63%	1,465,116	435.09%
2014/09	252,834	2.59%	29,849	747.04%	1,175,313	396.78%
2014/08	246,454	16.07%	25,874	852.52%	922,499	346.17%
2014/07	212,339	-0.91%	32,422	554.92%	676,043	273.67%
2014/06	214,279	186.81%	19,749	985.01%	463,751	212.13%
2014/05	74,711	59.64%	37,425	99.63%	249,485	93.73%
2014/04	46,801	22.62%	33,065	41.54%	174,600	90.69%
2014/03	38,169	9.97%	31,191	22.37%	127,692	118.00%
2014/02	34,708	-36.72%	12,679	173.74%	89,564	227.14%
2014/01	54,844	2.62%	14,693	273.27%	54,844	273.27%
2013/12	53,445	-13.25%	27,758	92.54%	388,869	2.20%
2013/11	61,610	65.52%	20,166	205.51%	335,402	-4.92%
2013/10	37,222	24.70%	37,943	-1.90%	273,806	-17.68%
2013/09	29,849	15.36%	47,149	-36.69%	236,586	-19.71%
2013/08	25,874	-20.20%	21,773	18.84%	206,759	-16.46%
2013/07	32,422	64.17%	27,828	16.51%	180,920	-19.82%
2013/06	19,749	-47.23%	24,280	-18.66%	148,574	-24.91%
2013/05	37,425	13.19%	36,708	1.95%	128,780	-25.80%
2013/04	33,065	6.01%	15,990	106.79%	91,560	-33.06%
2013/03	31,191	146.01%	36,923	-15.52%	58,574	-51.52%
2013/02	12,679	-13.71%	30,914	-58.99%	27,378	-67.37%
2013/01	14,693	-47.07%	53,117	-72.34%	14,693	-72.34%

（圖片來源：XQ全球贏家）

小型股／
經驗行家為師，學以致勝

說到小型股，可說是投資人「又愛又怕」的股票。一般指股本在十億元以下的個股，由於股本小、籌碼集中、好操控，最容易成為多空主力的競技場，除了業績成長股外，不少的小型股就是投機股的代名詞。這一類股票是由主力、作手主導走勢，漲跌多與基本面無關，而是技術面、消息面最重要。有時候，一旦主力鎖住籌碼，經常是高仰角拉抬、無量飆漲，毫無阻力；但是，當主力開始出貨時，也是快速崩跌，股價最後經常是腰斬再腰斬，悲慘落幕。

因為小型股的漲跌純粹是看技術面，必需緊盯著盤面技術指標變化，所以比較適合能看盤操作的投資人；一般上班族，如果沒有專業輔導，風險可說不小。

根據筆者的經驗，小型股表現的時機有兩種，一是大盤進入箱型整理，成交量開始萎縮，主力與大股東為維繫人氣，即會開始策略性的拉抬小型股；另一種狀況則是大盤進入末升段，即將由多翻空時，小型股反轉崩跌得特別快。

主力拉抬小型股的策略，各有不同。以往是主力一旦鎖定標的，喊出預定股價

目標就算數，自然可以吸引內圍、外圍人馬紛紛捧場，散戶贏的是消息面靈不靈光；但是現在的散戶，尤其經過空頭洗禮過的，還會進一步評估EPS，於是主力也開始改弦更張，轉從基本面下手。

尤其像現在的投信法人可以掌握的優勢更多，提出的預估EPS也更令人信服，於是當投信開始認養某些小型股時，儼然也是另一種形態的主力，操作起來的剽悍程度，甚至更勝以往的主力。

投信法人因為有業績考量，所以股價拉回時，往往逢低仍可承接，不像以前的主力「玩」過的小型股，通常很難翻身。根據筆者對早期主力的了解（現在幾乎只有短線大戶，沒有所謂的主力了），他根本不會重覆玩同一檔股票，而是一檔換過一檔！你如果被套牢，奉勸不要苦苦等待，多半還是要早早自尋了斷的好！

一般來說，投信總是會優先選擇小股中的業績成長股，並且採取長期投資策略，或是至少掌握一個完整的波段，而如果是操作投機股，即會在月底公佈持股明細前出脫，以避免遭受批評。

不管主力今昔如何變化，小型股會進一步成為小飆股，多半是在兩種情況下，一是股權防衛時，一是大股東強烈做多時。針對前者，早期主力擺出入主聲勢，志在炒股價，即使入主後也是掏空資產，股價很快就崩跌下來。

現代的散戶注重EPS，經營面上不說出一番道理，很難再取信於市場，再加上真正入主後，還是可以藉現金增資等手段拉抬股價，以及新版委託書使用規則等新制度下，市場派想要再用傳統模式強硬奪權並不容易，於是一批批新興資本家透過「借殼上市」的管道入主經營權，而無論是已和公司派達成協定而準備借殼，還是強硬爭奪董監席次入主的，三年一次的董監改選，就成為股權爭奪戰的陣地。

最容易發生股權爭奪的首推小型股，因為介入成本相對較低，尤其是具備以下條件時更容易被選中：一是總市值較低；二是股權分散、董監持股偏低，譬如15%以下；三是有資產題材，最好是多年未辦理資產重估者；四是董事席次不宜過少，最好是有七席以上，因為有的上市公司會刻意降低董事席次，席次愈少，可

以入主的機率當然相對愈低。

請看圖8-5，「迅杰」是一檔股本只有7.53億的小型股，它是屬於IC設計的產業。股價從2014年1月2日，一直漲到7月17日的35.25元。漲幅也有2.6倍。

自從筆電（NB）嵌入式控制器供應商迅杰，轉型搭上「觸控按鍵」和「無線充電」風潮以後，它成為市場當紅炸子雞，股價一直飆漲。它以NB鍵盤控制IC起家，面對NB市場欲振乏力，零組件產品均價（ASP）又只跌不漲，開始展開轉型之路，尋求新一波成長契機。

翻開迅杰前十大股東名冊，除翁佳祥外，還有仁寶、華碩、矽格及立錡等大廠。由於迅杰無論是最早發跡的產品NB讀卡控制器（市場已消失），或目前主力產品鍵盤控制IC，都是繞著NB市場走，可見和上、下游廠商關係不錯。

翁佳祥為讓迅杰未來的路走得更穩，定擴增產品線。2005年開發首顆NB鍵盤控制晶片，有了筆電客戶和大股東協助，迅杰NB鍵盤控制晶片2008年一度拿下全球四成市占率，當時全球每10台電腦，就有四台搭載迅杰產品，讓迅杰再度攀上高峰。再搭上同一時期的「易PC」、「OLPC」等百元電腦熱潮，迅杰股價在2009年一度超過80元，當年全年每股純益重回2元以上。隨近年PC與NB市場萎縮，產品均價又逐年以一至兩成速度下滑，迅杰又陷入連虧三年的危機。為突破困境，迅杰除了在營收占比達八成的鍵盤控制晶片要守穩三成市占率外，也積極開發新產品，鎖定毛利率不錯的觸控按鍵和無線充電市場。迅杰電容式觸控按鍵主攻大陸小家電市場，今年5月起出貨給抽油煙機和冰箱客戶，市場需求量較高的電磁爐等小家電有機會在第3季放量。

2014年，迅杰同時布局接收端（RX）與發射端（PX），現已獲大陸三、四家客戶導入，並送請無線充電聯盟申請Qi認證中，最快第4季通過。

「迅杰」由於無線充電市場基期較低，因此市場會給予較大想像空間，但實質面仍有不少條件要克服，尤其2014年來自無線充電業務的業績貢獻究竟多少仍不明顯，且該公司首季仍處於虧損，未來變數仍多。投資還應多加注意。

圖8-5 「迅杰」股價從2014年1月到7月中，大約飆漲了2.6倍。

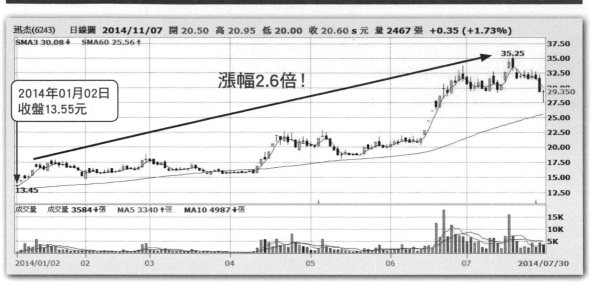

（圖片來源：XQ全球贏家）

圖8-6 「迅杰」合併年度營收走勢圖。

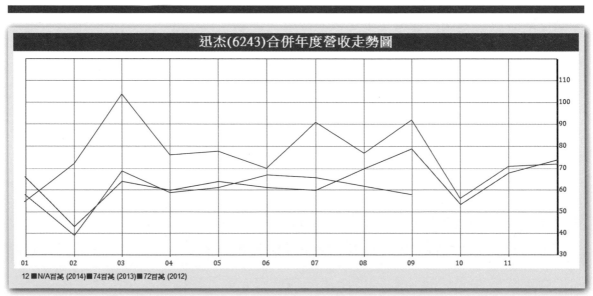

（圖片來源：XQ全球贏家）

圖8-7 「迅杰」的經營績效圖。

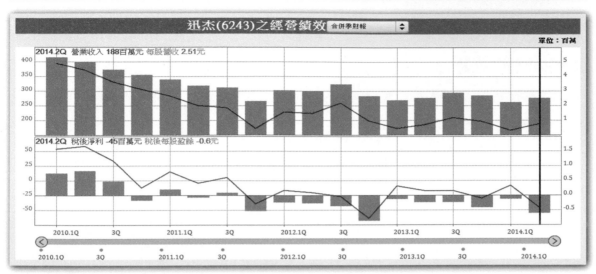

（圖片來源：XQ全球贏家）

圖8-8 「迅杰」的合併年度營收。

年/月 ⇕	營業收入	月增率	去年同期	年增率	累計營收	年增率
2014/09	58,433	-6.08%	79,159	-26.18%	540,844	-4.59%
2014/08	62,217	-5.69%	69,920	-11.02%	482,411	-1.08%
2014/07	65,968	-2.22%	60,225	9.54%	420,194	0.58%
2014/06	67,465	10.46%	60,891	10.80%	354,226	-0.93%
2014/05	61,076	3.02%	64,189	1.05%	286,762	-3.33%
2014/04	59,287	-13.71%	59,513	-0.38%	225,685	-2.91%
2014/03	68,706	74.79%	64,064	7.25%	166,398	-3.78%
2014/02	39,308	-32.67%	43,285	-9.19%	97,692	-10.27%
2014/01	58,384	-21.23%	65,592	-10.99%	58,384	-10.99%
2013/12	74,116	8.72%	71,891	3.09%	762,503	-16.42%
2013/11	68,174	27.72%	71,241	-4.31%	688,388	-18.28%
2013/10	53,376	-32.57%	56,354	-5.28%	620,214	-19.57%
2013/09	79,159	13.21%	92,078	-14.03%	566,838	-20.70%
2013/08	69,920	16.10%	77,259	-9.50%	487,679	-21.68%
2013/07	60,225	-1.09%	90,726	-33.62%	417,759	-23.41%
2013/06	60,891	-5.14%	70,254	-13.33%	357,534	-21.37%
2013/05	64,189	7.86%	78,421	-18.15%	296,642	-22.84%
2013/04	59,513	-7.10%	76,196	-21.89%	232,453	-24.04%
2013/03	64,064	48.01%	103,598	-38.16%	172,941	-24.75%
2013/02	43,285	-34.01%	71,567	-39.52%	108,876	-13.75%
2013/01	65,592	-8.76%	54,672	19.97%	65,592	19.97%

（圖片來源：XQ全球贏家）

當心市場派假奪權之名倒貨

有時公司派為了鞏固經營權，就必需極力防守，一是用「價」防衛，將股價維持在高檔，拉高總市值，這樣一來，準備要介入的人所必須付出的代價就很高了，自然不敢輕舉妄動。

二是用「量」防衛，由董監事鎖住大量持股，流通在外的籌碼不多，市場派當然也就不容易興風作浪。

而不論是用「價」或「量」防衛，股價當然有看漲空間。攻防愈激烈，上漲力道也就愈兇悍，記得股權之爭最激烈的是1991年的「台火」，當時股本只有七億多元，股價很低，自然引來市場派覬覦，一路吃貨，刺激股價走高，並且將公司派持股也引誘出來，於是股價從60多元一路飆到200多元，這時公司派即使警覺到了，也無力回補。市場派取得過半數席位經營權因而易手，這是個很有名的例子。

不過，市場派也有可能是假奪權之名、行出貨之實，因為一般有股權攻防的小股，因為會飆，所以散戶也很勇於追價上轎，但如果主力只為解套而拉抬，散戶就容易成為倒貨對象了。同時，公司派如果立場相當堅定，導致股東會一再流會，市場派如實力不夠，無法長期抗戰，所謂的「入主行情」也會泡沫化。

另外，一種可能形成小股飆漲的原因是：大股東積極做多。譬如不到半年間股價從20元一路飆漲到285元的「合發」，從全額交割股翻身後，大股東積極作多，善用高鐵資產概念為其彰化田中廠鍍金與津津轉投資售股收益等題材，再加上之前以債作股的三萬張股票有鎖住的效果，等於只有六千張股票在外流通，在籌碼高度集中的情況下，即使本業合成PU皮已面臨產業景氣連續衰退的狀況下，股價仍能逆勢翻揚十幾倍。

「合發」這檔股票如今已經下市了。從新聞上看，是因負責人掏空公司資產案造成的。主力「古董張」炒這支股票，筆者還不認識他。後來他提到此事時告訴我，當年他從這支股票不但賺了一億元，現在還「外加」免費牢飯，真是得不償失。

大抵來說，小股開始有表現時，經常可以看到拉抬數倍以上的幅度，但是投資人多半是等到股價漲到一倍以上時才注意到，此時才進場的風險大增，因此掌握主力或法人的進貨訊號，就是操作小型股的首要課題。

　　進貨訊號一：低檔打底相當時日後，放量沖出第一根長陽線。

　　進貨訊號二：每筆平均買進張數大增。

　　進貨訊號三：董監大幅申報轉讓。

　　通常董監大幅申讓，總讓人聯想股價是否過高，董監事準備獲利了結，但若是股價低檔，董監申報一筆大單，卻未引發賣壓，股價不跌、甚至反漲，這種狀況不排除是主力與董監達成默契，向董監調貨，準備大肆拉抬。

　　相對的，若投資人未注意出貨訊號，仍在迷戀不斷走高的行情，一旦高檔套牢、被主力倒貨成功，由於此類小股多半缺乏本質，投機性濃厚，可能經年累月都是零配股配息，投資人損失相當慘重，因此如何順利出場，就須靠密切觀察出貨訊號。

　　出貨訊號一：漲升走勢已久，卻開始發佈大量利多。

　　出貨訊號二：每筆平均賣出張數大增。

　　出貨訊號三：高檔放量、但股價卻漲不上去。

　　據筆者了解，這位炒作台發的主力操盤手法，習慣「市價殺出」，股價腰斬再腰斬，哀鴻遍野。所以，一定要切記不能「貪」，停損是必要的手段。決不能心存僥倖。因為這位主力一向不會在同一支股票東山再起的。

　　不過，自從官方在2009年起把券商分點的資料都在網上公開之後，開啟了籌碼研究的新紀元，主力再也不容易欺騙看得懂籌碼的高手了（詳見「籌碼細節」一書）。

　　然而，這個原因也許逼使主力大戶都做得很短，深怕被人看出他的行蹤。所以，現在長線炒作一檔股票的主力變少了。只有外資、投信這兩個大「主力」的買賣動作比較好跟。

操作小型股的四種策略

除掌握進出貨訊號外,面對主力介入色彩最濃厚的小型股,主力慣用的操作模式與虛招,勢必得仔細鑽研,並且擬訂正確策略,才能在這種高風險標的中避險。

小型股策略一:低檔放量搭轎、高價區前下轎,當心「騙線」。

主力慣用「騙線」以利高檔出貨或是低檔進貨,因為通常股價突破壓力帶,很容易使市場認為上檔無壓,即將出現新天價,散戶追價買盤湧出,主力正好藉此誘多、高檔出貨。同樣的股價若跌破重要支撐,下檔無撐的結果,散戶恐慌賣盤殺出,主力趁機低檔進貨。

以往某位知名大戶曾揚言:「只要給我足夠的資金,要做出W底、就是W底;要做出頭肩頂、就是頭肩頂」,由此可見主力真是予取予求,如果我們過度依賴技術線型的結果,往往就會落入他的騙線陷阱,

小型股策略二:不確定是洗盤或是出貨時,宜先退場觀望。

主力拉抬小股過程中,一定會有洗盤的動作。當主力介入的個股已拉抬一段漲幅,主力會開始進行洗盤,目的是清掉信心不足的浮額,迫使短多下轎,壓低再進貨,此舉可使籌碼更集中,有利於主力啟動另一波新行情,因此對散戶來說,洗盤往往也是加碼買進的良機。但是,又要如何分辨是洗盤還是出貨?通常洗盤時間多半一、二天,如果超過二天,或是出現巨量、隔日卻未見積極護盤,就要小心可能是藉洗盤之名、行出貨之實。如果不確定是洗盤或是出貨,最好還是暫時退場觀望,等到形勢較明確時再承接。

主力拉抬過程通常會經過三次的洗盤動作,到達第三次洗盤時風險已高,因此在第二次洗盤後的反彈就出場,可以降低風險。

小型股策略三:出貨訊號顯示時,斷然以市價出場。

主力出貨模式又可分為「拉高出貨」與「壓低出貨」。「拉高出貨」是為了減緩賣壓，採取分批出貨，多是跳空以高盤開出後高檔換手，回檔時再稍做護盤，使散戶戒心鬆懈，在這種「出多進少」的掩護下，順利達到出貨目標；而「壓低出貨」則是整批出清，多是拉到天價後，以低盤開出、再殺到跌停，連續的跌停板走勢。股價直線下滑，散戶根本來不及走避、受傷最重。因此，當出貨訊號出現時，應該斷然以跌停價殺出。

舉例來說，2014年10月13日「台端」（3432）被一位知名的隔日沖大戶拉上漲停板之後，次日引來了不少追價的買盤。不料，這檔股票在2014年10月14日一開盤就人氣十足，先開高後小幅回檔隨即在幾分鐘之內被拉上漲停板，並且鎖上漲停。

大約有將近一小時的時間，「台端」被牢牢鎖在漲停，不料上午十時過後，漲停板突然打開，股價下殺一段，然後橫盤，在大家都以為止住時，又突然下殺，而且越殺越凶，有如大清倉，只見「交易明細」都是內盤成交的多。最後竟然殺到跌停板收盤。

請看清楚圖8-9及圖8-10，這是現代隔日沖大戶的驃悍作風，從漲停可以殺到跌停！萬一你看到情況不對，不用市價逃命，怎麼來得及？

小型股策略四：以保守態度看待預估的EPS及本益比。

現代的主力——法人及上市公司都會分別提出預估的EPS，我們最好多比較幾家不同公司所提出的EPS預估，再與過去五年的平均EPS作比較，即可知道是否屬實。另外，再根據合理的本益比估算出合理的股價，本益比應是動態調整的數字，趨勢看好、產業循環走高，可以允許以較樂觀的本益比來評估；相反的，就應採取保守態度。

對於資產題材股，較不易用EPS的角度評估，有些上市公司會用鑑價報告的價位來呈現該土地的價值，但是鑑價報告是否具有公信力，就值得推敲，所以打聽當地土地市場的合理行情，以及選擇資產價值低估至少五成以上的個股，比較穩當。

圖8-9 「台端」2014年10月13日的分時走勢圖。

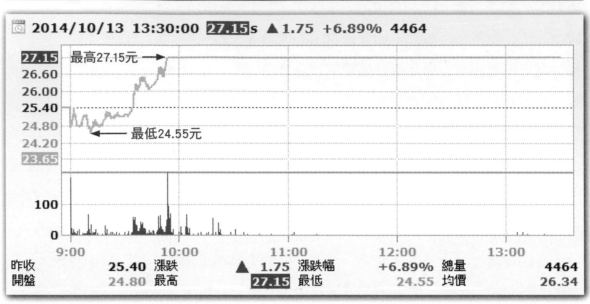

（圖片來源：XQ全球贏家）

圖8-10 「台端」2014年10月14日的分時走勢圖。

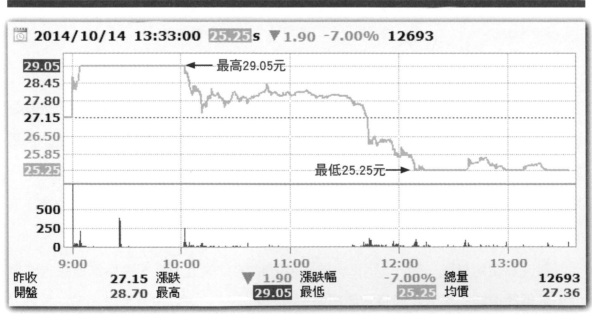

（圖片來源：XQ全球贏家）

低價股／
判讀基本面，逆襲財富

獲得2009年奧斯卡8項大獎的「貧民百萬富翁」，電影情節描述一位在印度孟買貧民窟長大的孤兒傑默，參加電視「誰想成為百萬富翁」益智問答節目，一路過關斬將，一夕致富的故事。

而在我們的股市操盤過程中，也有另一場貧民百萬富翁在上演著－－

那就是當台股進入某一段時期，總會出現主流股缺乏動能的時候，那時往往盤面會由低價股當道，尤其是雞蛋水餃的資產營建股，漲勢更是強勁，低價、低基期、低股價淨值比個股在盤面活蹦亂跳。

這時，我們就要懂得操作低價股了。

那麼，如何操作低價股呢？

低價股策略一、大摩股為致勝關鍵。

一位基金經理人曾告訴筆者，有一年摩根指數組合公布時，他個人所操作的基

金便盡速買進摩根指數類股，並提高金融股的比重，結果操作績效因此水漲船高。

其實投資人也可以自行研究出自己喜歡的潛力股，同時應該勇敢的買進，太過三心二意，只會使機會瞬間流逝。

低價股策略二、選股以基本面為主。

在選股策略方面，不妨找明星產業的轉機股、以及價值被低估的股票。

但問題是：如何才能掌握時代趨勢呢？

又如何才能比別人早一步挖掘到被市場低估的明星股？

投資人除了可以選擇由專業的基金經理人操盤的基金之外，只好自己認真做一番研究了。

首先投資人必須找出，哪一種產業是臺灣未來最有發展潛力的產業？其產業的前景、產品的競爭力如何？然後再比較個別公司的獲利率，或其特殊之處。

低價股策略三、電子業是明星產業。

臺灣在國際上的經濟競爭力來說，電子資訊業仍是最被看好的產業，但電子股漲得快，也跌得快。投資人介入時，要有風險意識。

找尋被低估股票的方法，就是估算公司的資產價值，以及查看財務報表上的毛利率增長情形？變化的原因？是否能再持續成長？而不是只看本益比的高低。因為本益比反映的是過去的投資價值，而挑選股票是要買公司的未來成長性、獲利性，才有勝算。

其他可能有轉機、或股價被低估的產業，當屬內需型的營建、鋼鐵業等類股，不過，2014年這兩種類股本是弱勢族群，只有在重跌時，才有可能大反彈。

圖8-11，從營建類股整體的線型可以看出，非常弱勢。只有跌深才有反彈。

圖8-12，「遠雄」由於負責人事件導致股價大跌，跌深終於有了反彈。

圖8-13，「太設」在營建股反彈中，是線型上較為強勢的個股。

圖8-11 　從營建類股整體的線型可以看出，非常弱勢。只有跌深才有反彈。

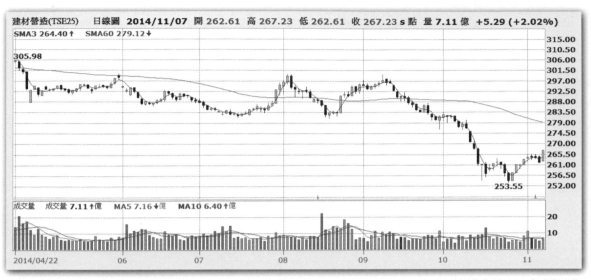

（圖片來源：XQ全球贏家）

圖8-12 　「遠雄」由於負責人事件導致股價大跌，跌深終於有了反彈。

（圖片來源：XQ全球贏家）

圖8-13 「太設」在營建股反彈中，是線型上較為強勢的個股。

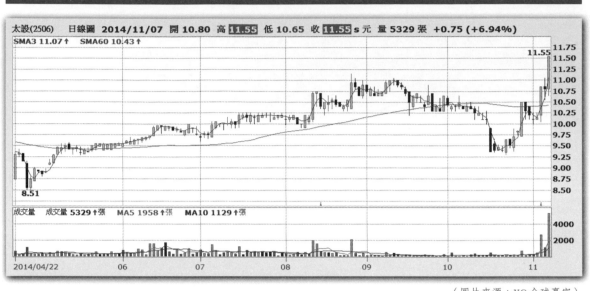

（圖片來源：XQ全球贏家）

低價股策略四、本益比反映過去的投資價值。

當半導體公司獲利大幅成長，股價也是動輒上百元，反映在本益比上都不算太高。但是當景氣開始下滑，獲利比較的基期卻較高，公司的成長幅度自然縮小，股價也就大幅下滑。所以投資人在追漲時，要特別注意「相對」的觀念，才不會被高檔套牢。

相反的，如果某公司的情況已壞到不會再壞了，但目前獲利仍不佳時，本益比自然較高，如果只因本益比太高而錯失營運轉機的個股，那就失之偏頗了。根據「鍋底」法則，好股票來到了低谷，股價只有向上發展一途。

・國家圖書館出版品預行編目資料

波段飆股	/方天龍 作.
-- 增訂初版 . -- 臺北市：	恆兆文化，2014.12
192面； 21公分×28公分	（股票超入門；5）
ISBN 978-986-6489-59-4 （平裝）	
1.股票投資 2.投資技術 3.投資分析	
563.53	103023486

股票超入門系列 05：
波段飆股

出 版 所	恆兆文化有限公司
	Heng Zhao Culture Co.LTD
	www.book2000.com.tw
發 行 人	張正
作 者	方天龍
封 面 設 計	一瓶
版 次	增訂初版
插 畫	韋懿容
電 話	＋886-2-27369882
傳 真	＋886-2-27338407
地 址	台北市吳興街118巷25弄2號2樓
	110,2F,NO.2,ALLEY.25,LANE.118,WuXing St.,
	XinYi District,Taipei,R.O.China
出 版 日 期	2014/12
Ｉ Ｓ Ｂ Ｎ	978-986-6489-59-4(平裝)
劃 撥 帳 號	19329140 戶名 恆兆文化有限公司
定 價	399元
總 經 銷	聯合發行股份有限公司 電話 02-29178022

特別銘謝：
本書採用之技術線圖與資料查詢畫面提供：
嘉實資訊股份有限公司

網址：http://www.xq.com.tw